中学校技術・家庭「技術分野」

授業例で読み解く
新学習指導要領

竹野 英敏 編著

開隆堂

目　次

まえがき ……………………………………………………………………………… 4

第1章　新学習指導要領の目指すもの ……………………………………… 5

1. 技術分野における「見方・考え方」とは ………………………………… 6
2. 技術分野における「資質・能力」とは …………………………………… 10
3. 技術分野における「主体的・対話的で深い学び」とは ………………… 12
4. 「カリキュラム・マネジメント」を考慮した指導計画の立て方 ………… 14

第2章　新学習指導要領に向けた授業例 ………………………………… 15

授業例1. 模型の試作で構想を具体化するDL材による設計・製作 ………… 16

授業例2. 技術開発の経緯から気付かせる技術の「見方・考え方」 ………… 22

授業例3. 育成環境を計画・管理・評価・改善するプチ植物工場で生物育成 ……… 28

授業例4. 技術による問題解決の工夫を読み取る製品の分解 ………………… 34

授業例5. 問題を適切に把握し，課題を解決する「運搬車模型の設計・試作」……… 40

授業例6. 設計・試作を通して製作するデザインライト ……………………… 46

授業例7. 問題の発見や課題の設定に着目した「テープLEDを利用した製品の
　　　　　設計・製作」……………………………………………………………… 52

授業例8. 技術イノベーション・ガバナンス能力育成に向けた「IoTを活用した
　　　　　製品モデルの設計・製作」…………………………………………… 58

授業例9. 安全な社会を支える交通信号機を通して学習する処理の自動化やシス
　　　　　テム化の技術 ………………………………………………………… 64

授業例10. Scratchを用いた双方向性のあるコンテンツの設計・制作 ………… 70

付録　中学校学習指導要領　第8節 技術・家庭（技術分野）………… 76

まえがき

　2017年3月に学習指導要領が改訂され，中学校では2018年4月より移行措置期間となり，2021年4月より全面実施となります。多くの技術科教師は，従来通りの授業でよいと考えているかもしれません。しかし，新しい学習指導要領を読むと，どうも様子が違うことが分かります。

　これまでの授業では，「○○をつくろう」と教師が題材を設定し，生徒が基本形を部分的に改良して図面や工程表を作成し，それらに従って製作しながら，例えば「切断とは何か」，「切断にはどのような方法があるか」「どのような工具があり，工具はどのように使うとよいか」など，生徒の関心・意欲を高め，知識，技能及び創意工夫する態度を身に付けていく展開がよくなされてきました。

　一方，これからの授業では，

○　これからは生活や社会から問題を見いだし，課題を設定するようになっています。これまでの授業との違いや変化がわかるでしょうか？

○　技術分野では「何を学んでいるの？」「何ができるようになるの？」という問いを意識して授業を構成しなければなりません。その問いに答えられるでしょうか？

○　従来にはなかった，「調べる活動などを通して，～を理解すること」など，「どのようにして学ぶか」を明示するようになりましたが，どのように授業を展開することが求められているのでしょうか？

本書では，これらの疑問に答えられるように編集しました。

　第1章では，技術分野の「見方・考え方」や「資質・能力」とは何か？など，新しい学習指導要領が目指していることについて解説をしました。各内容に共通するポイントを構造的に示し，新しい学習指導要領の要点を理解する上で参考になるようにまとめましたので紹介します。

　第2章では，新しい学習指導要領技術・家庭「技術分野」の4つの内容に対応した授業を中学校の協力を得て実践していただき，検証を踏まえて修正した厳選授業10例を紹介します。

　本書が，新しい学習指導要領に対応したこれからの技術・家庭「技術分野」の授業をどのように計画，展開するとよいかの参考資料となることを願っています。

広島工業大学　竹野　英敏

第1章

新学習指導要領の目指すもの

1．技術分野における「見方・考え方」とは

中学校学習指導要領解説 技術・家庭編（以下解説）(p.9) では，「技術の見方・考え方」は「**生活や社会における事象を，技術との関わりの視点で捉え，社会からの要求，安全性，環境負荷や経済性等に着目して技術を最適化すること。**」と示されている。この「見方・考え方」は，表1のように各内容における技術の「見方・考え方」の構成を整理するとわかりやすい。

表1　各内容における技術の「見方・考え方」の構成

構成		「見方・考え方」の記述
捉える視点 （技術の内容）	A	生活や社会における事象を，材料と加工の技術との関わりの視点で捉え，
	B	生活や社会における事象を，生物育成の技術との関わりの視点で捉え，
	C	生活や社会における事象を，エネルギー変換の技術との関わりの視点で捉え，
	D	生活や社会における事象を，情報の技術との関わりの視点で捉え，
着目する （技術の利用に関する検討事項）	A	社会からの要求，生産から使用・廃棄までの安全性，耐久性，機能性，生産効率，環境への負荷，資源の有限性，経済性などに着目し，
	B	社会からの要求，作物等を育成・消費する際の安全性，生産の仕組み，品質・収量等の効率，環境への負荷，経済性，生命倫理などに着目し，
	C	社会からの要求，生産から使用・廃棄までの安全性，出力，変換の効率，環境への負荷や省エネルギー，経済性などに着目し，
	D	社会からの要求，使用時の安全性，システム，経済性，情報の倫理やセキュリティ等に着目し，
配慮する （科学的な原理・法則）	A	材料の組織，成分，特性や，組み合わせる材料の構造，加工の特性にも配慮し，
	B	育成する生物の成長，働き，生態の特性にも配慮し，
	C	電気，運動，物質の流れ，熱の特性にも配慮し，
	D	情報の表現，記録，計算，通信などの特性にも配慮し，
最適化する （技術の仕組み）	A	材料の製造方法や，必要な形状・寸法への成形方法等を最適化することなどが考えられる。
	B	育成環境の調節方法等を最適化することなどが考えられる。
	C	エネルギーを変換，伝達する方法等を最適化することなどが考えられる。
	D	情報のデジタル化や処理の自動化，システム化による処理の方法等を最適化することなどが考えられる。

（吹き出し）ABCDで書き方が揃えられている点に注目

※A：材料と加工の技術，B：生物育成の技術，C：エネルギー変換の技術，D：情報の技術

このことから，技術の「見方・考え方」は，『**それぞれの【技術の内容】の視点から生活や社会における事象を捉え，【技術の利用に関する検討事項】や【科学的な原理・原則】に着目・配慮して，【技術の仕組み】を最適化すること**』と考えることができる。すなわち，いずれの内容を学習するにしても，技術の「見方・考え方」は同じであり，それぞれの内容を学習するための中心的なポイントといえる。

これら「見方・考え方」は，各内容の指導事項（1）イや，（3）ア（なお，内容Dは（4）ア）に反映されている。

例えば，解説（p.26）には，内容Aの指導事項（1）イでは，「見方・考え方」との関係を次のように読み取ることができる。

『技術に込められた問題解決の工夫について考えることでは，取り上げた技術が，どのような条件の下で，どのように生活や社会における問題を解決しているのかを読み取ることで，「材料の製造方法や成形方法等の技術」【技術の仕組み】が「社会からの要求，生産から使用・廃棄までの安全性，耐久性や機能性，生産効率，環境への負荷，資源の有限性，経済性等に着目」【技術の利用に関する検討事項】し，「材料の組織，成分，特性や，組み合わせる部材の構造，加工の特性等にも配慮」【科学的な原理・法則】して，最適化されてきたことに気付かせることができるようにする。』

同様に，内容Bの指導事項（3）ア（p.37）から次のように読み取ることができる。

『生活や社会，環境との関わりを踏まえて，技術の概念を理解することでは，技術には光と影があることや，技術と社会や環境とは相互に影響し合う関係にあることを踏まえ，生物育成の技術とは，人間の願いを実現するために，育成する生物の成長，働き，生態の特性等の「自然的な制約」【科学的な原理・法則】や，人々の価値観や嗜好の傾向などの「社会的な制約」【技術の利用に関する検討事項】の下で，開発時，利用時，廃棄時及び障害発生時等を想定し，安全性や社会・産業に対する影響，環境に対する負荷，必要となる経済的負担などの「折り合いを付け，その効果が最も目的に合致したものとなるよう」【技術の仕組み】育成環境の調節方法等を考案，改善する過程とその成果であることを理解させるようにする。』

このうち，【技術の利用に関する検討事項】は，社会的側面，環境的側面，経済的側面に対応している。例えば，上記に示す内容Aの項目（1）の指導事項イでは，「社会からの要求」，「生産から使用・廃棄までの安全性」，「耐久性や機能性」が社会的側面に，「環境への負荷」，「資源の有限性」が環境的側面に，「生産効率」，「経済性」が経済的側面に対応している。

これらの三側面を考慮することについては，中学校学習指導要領における内容の取り扱い（5）イ（p.120）において，「イでは，社会からの要求，安全性，環境負荷や経済性などに着目し，技術が最適化されてきたことに気付かせること。」と示されている。

なお，各内容の項目（1）指導事項アの記述は，概ね「科学的な原理・法則」と「技術の仕組み」に分類することができる。それらをまとめたものが表2（p.8）である。このような，技術の「見方・考え方」の構成と，解説（p.23）に示される技術分野の学習過程（図1，p.9）に沿った学習指導を考えてみたい。

○「既存の技術の理解」では，「技術の仕組み」について知るとともに，その基盤となる「科学的な原理・法則」と，「技術の利用に関する検討事項」を踏まえ，技術の「見方・考え方」について気付く学習が目指され，例えば，**安全・安心な社会を支える製品やシステムに関わる技術を理解させる授業（授業例2，p.22）（授業例9，p.64）**が考えられる。

○「課題の設定」，「技術に関する科学的な理解に基づいた設計・計画」，「課題解決に向けた製作・制作・育成」，及び「成果の評価」に至る学習過程では，技術の「見方・考え方」を働かせて，技術による問題解決の学習を促進することが目指され，「課題の設定」では，社会や生活に関わる問題を発見し，社会的側面，環境的側面，経済的側面などの「**技術の利用に**

表2　解説の「科学的な原理・法則」と「技術の仕組み」

各内容の項目（1）の指導事項 ア
○内容A 【科学的な原理・法則】 　材料の組織や成分，圧縮，引張，曲げ等に対する力学的な性質といった材料の特性や，組み合わせる部材の厚さ，幅，断面形状と，四角形や三角形，面等の組み合わせる部材の構造，切削，切断，塑性加工，加熱といった加工の特性等の材料や加工についての原理・法則 【技術の仕組み】 　材料の組織を改良する方法や，断面形状や部材の構造を含めた材料を成形する方法，切断や切削等の加工の方法，表面処理の方法等の基礎的な材料と加工の技術の仕組み
○内容B 【科学的な原理・法則】 　生物が成長する仕組み，生物の分類・育種，及び生理・生態の特性等の生物育成についての原理・法則 【技術の仕組み】 　光，土壌や培地，気温や水温，湿度，肥料や養液，衛生といった育成環境を調節する方法などの，作物，動物及び水産生物の育成に共通する基礎的な生物育成の技術の仕組み
○内容C 【科学的な原理・法則】 　エネルギーの変換，効率及び損失の意味，電気に関わる物性，電気回路及び電磁気の特性，機械に関わる運動，熱及び流体の特性等のエネルギー変換についての原理・法則 【技術の仕組み】 　自然界にあるエネルギー源から電気エネルギーや力学的エネルギーへの変換方法，電気エネルギーの供給と光，熱，動力，信号等への変換方法，力学的エネルギーの多様な運動の形態への変換と伝達方法等の基礎的なエネルギー変換の技術の仕組み
○内容D 【科学的な原理・法則】 　コンピュータでは全ての情報を「0」か「1」のように二値化して表現していることや，単純な処理を組み合わせて目的とする機能を実現していること，2進数や16進数等による計算及び記憶装置等への記録，IPアドレス等の通信の特性等の情報についての原理・法則 【技術の仕組み】 　センサなどの入力装置から，アクチュエータ等の出力装置までの信号の伝達経路や変換の方法，プログラムによる処理の自動化の方法，コンピュータが目的を達成するために，構成する要素や装置を結合して機能させるシステム化の方法等の，基礎的な情報の技術の仕組み

関する検討事項」を意識させ，解決を目指す課題の目的や条件などを設定することが重要になる。ここでは，例えば，**社会や生活の事象や問題を発見し，「課題の設定」をする授業（授業例1，p.16）（授業例3，p.28）（授業例5，p.40）（授業例6，p.46）（授業例7，p.52）**が考えられる。

○「技術に関する科学的な理解に基づいた設計・計画」では，**「科学的な原理・法則」**への配慮や**「技術の利用に関する検討事項」**の重みづけの検討を経て，課題解決の制約条件から設

8　　第1章　新学習指導要領の目指すもの

学習過程	既存の技術の理解	課題の設定	→過程の評価と修正←	技術に関する科学的な理解に基づいた設計・計画	→過程の評価と修正←	課題解決に向けた製作・制作・育成	→過程の評価と修正←	成果の評価	次の問題の解決の視点
	・技術に関する原理や法則, 基礎的な技術の仕組みを理解するとともに, 技術の見方・考え方に気付く。	・生活や社会の中から技術に関わる問題を見いだし, それに関わる調査等に基づき, 現状をさらに良くしたり, 新しいものを生み出したりするために解決すべき課題を設定する。		・課題の解決策を条件を踏まえて構想(設計・計画)し, 試行・試作を通じて解決策を具体化する。		・解決活動(製作・制作・育成)を行う。		・解決結果及び解決過程を評価・改善・修正する。	・技術についての概念の理解を深め, よりよい生活や持続可能な社会の構築に向けて, 技術を評価し, 選択, 管理・運用, 改良, 応用について考える。

要素	生活や社会を支える技術	技術による問題の解決	社会の発展と技術
内容 A材料と加工の技術	(1)生活や社会を支える材料と加工の技術	(2)材料と加工の技術による問題の解決	(3)社会の発展と材料と加工の技術
B生物育成の技術	(1)生活や社会を支える生物育成の技術	(2)生物育成の技術による問題の解決	(3)社会の発展と生物育成の技術
Cエネルギー変換の技術	(1)生活や社会を支えるエネルギー変換の技術	(2)エネルギー変換の技術による問題の解決	(3)社会の発展とエネルギー変換の技術
D情報の技術	(1)生活や社会を支える情報の技術	(2)ネットワークを利用した双方向性のあるコンテンツに関するプログラミングによる問題の解決 (3)計測・制御に関するプログラミングによる問題の解決	(4)社会の発展と情報の技術

図1　技術分野の学習過程と, 各内容の三つの要素及び項目の関係

定された評価基準のもとにトレード・オフの思考様式を用いて, 「**技術の仕組み**」を活用するため, 例えば, **最適な設計等について試行・試作する授業（授業例1, p.16）（授業例5, p.40）（授業例6, p.46）**が考えられる。

○「課題解決に向けた製作・制作・育成」では, 「**技術の仕組み**」を活用して実践的・体験的な課題解決の活動を行う中で, 「**科学的な原理・法則**」を確認・活用する相互作用による学習の深化や, 「**技術の利用に関する検討事項**」に対する確認・配慮をすることになる。なお, 従来の製作・制作・育成の過程であるため, ここでは, 授業例は示していない。

○「成果の評価」では, 課題の目的や条件などを評価する指標として「**技術の利用に関する検討事項**」が関連し, それを踏まえて, 例えば, 「**技術の仕組み**」の活用に対する改善や修正をする授業（授業例3, p.28）（授業例7, p.52）が考えられる。

○「次の問題解決の視点」では, 技術についての概念の理解を深め, よりよい生活や持続可能な社会の構築に向けて, 技術を評価し, 選択, 管理・運用, 改良, 応用について考える学習過程である。ここでは, 技術の理解に基づいて気付いた「**見方・考え方**」, 実践的・体験的な学習とその振り返りにより深化させた技術の「**見方・考え方**」を, 共通性・一般性のある概念として確立させる学習が目指されることになる。ここでは, 例えば, **技術イノベーション能力や技術ガバナンス能力を育む授業（授業例8, p.58）**が考えられる。

これらの学習過程が内容の項目（1）,（2）,（3）（なお, 内容Dは例外なので注意）に対応している。項目（1）の学習により技術の「見方・考え方」に気付き, 項目（2）の課題解決を目指した実践的・体験的な学習により「見方・考え方」を働かせて深め, 項目（3）の学習で確立・概念化する学習が目指されている。

Key word　技術の内容, 技術の利用に関する検討事項, 科学的な原理・法則, 技術の仕組み

2．技術分野における「資質・能力」とは

　中央教育審議会答申（平成28年12月21日）において，学習する子供の視点に立ち，教育課程全体や各教科等の学びを通じて「何ができるようになるか」（育成を目指す資質・能力）を整理し，「何を学ぶか」（教科等を学ぶ意義と，教科等間・学校段階間のつながりを踏まえた教育課程の編成）を検討すべきとある。

　従って，文部科学省が示す「資質・能力」とは，教育課程を通して育成を目指すものの総体として捉えることができ，教科での学習では，各内容を通じて「資質・能力」の育成を図ることが求められている。

　「資質・能力」の構成は，生徒の「生きる力」を，より具体化し，教育課程全体を通して育成を目指すことを意図して，次の三つの柱に整理された（解説p.3）。

> （ア）「何を理解しているか，何ができるか（生きて働く**「知識及び技能」**の習得）」
> （イ）「理解していること・できることをどう使うか（未知の状況にも対応できる**「思考力，判断力，表現力等」**の育成）」
> （ウ）「どのように社会・世界と関わり，よりよい人生を送るか（学びを人生や社会に生かそうとする**「学びに向かう力，人間性等」**の涵養）」

　これらのことを踏まえ，技術分野の目標は，次のように示された。

『**技術分野の目標**』

> 技術の見方・考え方を働かせ，ものづくりなどの技術に関する実践的・体験的な活動を通して，技術によってよりよい生活や持続可能な社会を構築する資質・能力を次のとおり育成することを目指す。
> (1) 生活や社会で利用されている材料，加工，生物育成，エネルギー変換及び情報の技術についての基礎的な理解を図るとともに，それらに係る技能を身に付け，技術と生活や社会，環境との関わりについて理解を深める。
> (2) 生活や社会の中から技術に関わる問題を見いだして課題を設定し，解決策を構想し，製作図等に表現し，試作等を通じて具体化し，実践を評価・改善するなど，課題を解決する力を養う。
> (3) よりよい生活の実現や持続可能な社会の構築に向けて，適切かつ誠実に技術を工夫し創造しようとする実践的な態度を養う。

　技術分野の目標は，(1) に**「知識及び技能」**を，(2) に**「思考力，判断力，表現力等」**を，(3) に**「学びに向かう力，人間性等」**を規定した。なお，(1)〜(3) に示す資質・能力の育成を目指すに当たって，質の高い深い学びを実現するために，技術・家庭科の特質に応じて物事を捉える「見方・考え方」を働かせることが求められた。

　そして，技術分野の各内容における項目の指導事項は，資質・能力や学習過程との関連を図ることを踏まえ，図2 (p.11) のように構成することになった。

　技術分野の各内容における項目の指導事項は，資質・能力に応じて構成されている。そして，内容の項目 (1) と (2) の指導事項アについては，各内容の「科学的な原理・法則」や「技術の仕組み」に関する**「知識及び技能」**が記載されている。また，各項目の指導事項イは，**「思考力，判断力，表現力等」**が記載されている。

　内容A，B，Cの項目 (3) 等の指導事項アは，「技術の概念」の理解として，**「知識及び技能」**が記載され，技術の「見方・考え方」やそれらを発展させた「技術の概念」は，各内容の学習

10　第 1 章　新学習指導要領の目指すもの

「生活や社会を支える技術」	「技術による問題の解決」	「社会の発展と技術」
生活や社会を支えている技術について調べる活動などを通して，技術に関する科学的な原理・法則と，技術の基礎的な仕組みを理解させるとともに，これらを踏まえて，技術が生活や社会における問題を解決するために，技術の見方・考え方に気付かせる内容	技術の見方・考え方を働かせ，生活や社会における技術に関わる問題を解決することで，理解の深化や技能の習熟を図るとともに，技術によって課題を解決する力や自分なりの新しい考え方や捉え方によって解決策を構想しようとする態度などを育成する内容	技術についての概念の理解を深めるとともに，よりよい生活や持続可能な社会の構築に向けて，技術を評価し，適切に選択，管理・運用したり，新たな発想に基づいて改良，応用したりする力と，社会の発展に向けて技術を工夫し創造しようとする態度を育成する内容
内容A，B，C，Dの項目（1） 指導事項アは，知識及び技能 指導事項イは，思考力，判断力，表現力等	内容A，B，C，Dの項目（2） 内容Dの項目（3） 指導事項アは，知識及び技能 指導事項イは，思考力，判断力，表現力等	内容A，B，Cの項目（3） 内容Dの項目（4） 指導事項アは，知識及び技能 指導事項イは，思考力，判断力，表現力等

図2　各内容における項目の指導事項と資質・能力や学習課題との関連

を通して，徐々に資質・能力を高めていくように意図されている。

　なお，今回の改訂では，小学校におけるプログラミング教育の成果・発展を考慮し，内容Dの項目（2）が設定され，生活や社会における問題を，ネットワークを利用した双方向性のあるコンテンツのプログラムによって解決する活動を通して，情報通信ネットワークの構成と仕組みの理解や，安全・適切なプログラムの制作，動作の確認及びデバッグができることが必要になる。ここでは，例えば，**双方向性のあるコンテンツやネットワークやデータを活用・処理するプログラミングをする授業（授業例10，p.70）**が考えられる。

　また，「生活や社会において様々な技術が複合して利用されている現状を踏まえ，材料，加工，生物育成，エネルギー変換，情報等の専門分野における重要な概念等を基にした教育内容とする。」と記されている（解説p.7）。ここでの「専門分野における重要な概念等」とは，表2（p.8）に示す「見方・考え方」に含まれる「科学的な原理・法則」や「技術の仕組み」に類似したものであると考えられる。すなわち，**「知識及び技能」**に関する資質・能力については，例えば，木材，金属，プラスチックなどの特徴についてそれぞれ個別の分断された知識として捉えるのではなく，「見方・考え方」を働かせ，材料の性質，加工性などの概念として認識させることが求められる。

　さらに，作物の栽培，動物の飼育，水産生物の栽培を全く別の対象・活動と捉えるのではなく，生物育成の技術の対象・活動として俯瞰的に捉え，それぞれに含まれる知識・技能・活動に共通する「見方・考え方」に気付かせることも必要になる。

　このように，技術分野で取り上げる資質・能力については，実践的・体験的な活動の中で扱う技能を伴いながら概念化を図り，技術を活用する様々な場面で応用できるような資質・能力として高めることが重要である。

　このことにより，技術分野で学んだ**「知識及び技能」**が，実社会・生活の中で行動するための汎用的な力として活かされることが期待される。このことは，従前の目標に示された「進んで生活を工夫し創造する能力と実践的な態度」のことであり，従来から重要視されていたことである。

Key word　知識及び技能，思考力，判断力，表現力等，学びに向かう力，人間性等

3．技術分野における「主体的・対話的で深い学び」とは

　文部科学省教育課程企画特別部会論点整理などで記された「アクティブ・ラーニング」は，中央教育審議会答申（p.26）により授業改善に向けた取り組みを活性化する視点として位置づけられた。すなわち，課題の発見・解決に向けた主体的・協働的な学びである「アクティブ・ラーニング」という方向性のもと，具体的な授業改善の方策として**「主体的・対話的で深い学び」**が示されていると考えられる。

　技術・家庭科における**「主体的・対話的で深い学び」**はそれぞれ以下のように解説されている。これらの解説と各項目における活動の示し方を踏まえれば，表3に示すように，各内容の項目（1）の活動として示される「調べる活動」は**「対話的な学び」**，内容A，B，Cの項目（2），内容Dの項目（3）の活動として示される「解決する活動」は**「深い学び」**，内容A，B，Cの項目（3），内容Dの項目（4）の活動として示される「技術の在り方を考える活動」は**「主体的な学び」**に概ね対応していると考えることができる。

表3　各内容の項目と「学び」の対応

> ABCDで書き方が揃えられている点に注目

内容項目	学習指導要領における活動の示し方	学び
A（1）	生活や社会を支える材料と加工の技術について調べる活動などを通して	対話的な学び
B（1）	生活や社会を支える生物育成の技術について調べる活動などを通して	
C（1）	生活や社会を支えるエネルギー変換の技術について調べる活動などを通して	
D（1）	生活や社会を支える情報の技術について調べる活動などを通して	
A（2）	生活や社会における問題を，材料と加工の技術によって解決する活動を通して	深い学び
B（2）	生活や社会における問題を，生物育成の技術によって解決する活動を通して	
C（2）	生活や社会における問題を，エネルギー変換の技術によって解決する活動を通して	
D（2）	生活や社会における問題を，ネットワークを利用した双方向性のあるコンテンツのプログラミングによって解決する活動を通して	
D（3）	生活や社会における問題を，計測・制御のプログラミングによって解決する活動を通して	
A（3）	これからの社会の発展と材料と加工の技術の在り方を考える活動などを通して	主体的な学び
B（3）	これからの社会の発展と生物育成の技術の在り方を考える活動などを通して	
C（3）	これからの社会の発展とエネルギー変換の技術の在り方を考える活動などを通して	
D（4）	これからの社会の発展と情報の技術の在り方を考える活動などを通して	

○**「対話的な学び」**とは，「他者と対話したり協働したりする中で，自らの考えを明確にしたり，広げ深める学びである。なお，技術分野では，例えば，直接，他者との協働を伴わなくとも，既製品の分解等の活動を通してその技術の開発者が設計に込めた意図を読み取るといったことなども，対話的な学びとなる。」と示されている。

　このことから，「技術の開発者が設計に込めた意図を読み取る」ことは，「生活や社会を支える○○の技術について調べる活動などを通して」対話的な学びを行うことができる学習活動である。ここでは，例えば，**製品の分解や調査活動などを通して，「技術に込められた問**

題解決の工夫に気付く」授業（授業例2，p.22）（授業例4，p.34）が考えられる。なお，その学習活動では，「科学的な原理・法則」や「技術の仕組み」を学習し，生きて働く「知識及び技能」の習得のための学習展開としている。

○「深い学び」とは，「生徒が，生活や社会の中から問題を見いだして課題を設定し，その解決に向けた解決策の検討，計画，実践，評価，改善といった一連の学習活動の中で，生活の営みに係る見方・考え方や技術の見方・考え方を働かせながら課題の解決に向けて自分の考えを構想したり，表現したりして，資質・能力を獲得する学びである。このような学びを通して，生活や技術に関する事実的知識が概念的知識として質的に高まったり，技能の習熟・定着が図られたりする。」と示されている。

　このことから，「課題の設定」，「技術に関する科学的な理解に基づいた設計・計画」，「課題解決に向けた製作・制作・育成」，「成果の評価」の学習過程の中で，社会的側面，環境的側面，経済的側面を含む「技術の利用に関する配慮事項」の「見方・考え方」を働かせ，より質の高い深い学びにつなげることが大切である。

　このことは，解説（p.119）に記述されている，「各教科等の特質に応じた物事を捉える視点や考え方である「見方・考え方」を，習得・活用・探究という学びの過程の中で働かせることを通じて，より質の高い深い学びにつなげることが重要である。」の内容と考えられ，各内容の項目（2）と内容Dの項目（3）の学習において「見方・考え方」を働かせることの重要性を示した学習展開が求められている（**授業例3，p.28**）（**授業例7，p.52**）。

○「**主体的な学び**」とは，「現在及び将来を見据えて，生活や社会の中から問題を見いだし課題を設定し，見通しをもって解決に取り組むとともに，学習の過程を振り返って実践を評価・改善して，新たな課題に主体的に取り組む態度を育む学びである。そのため，学習した内容を実際の生活で生かす場面を設定し，自分の生活が家庭や地域社会と深く関わっていることを認識したり，自分が社会に参画し貢献できる存在であることに気付いたりする活動に取り組むことなどが考えられる。」と示されている。

　このことから，内容A, B, Cの項目（3）と内容Dの項目（4）の指導事項イに示される「技術の評価，選択と管理・運用，改良と応用」の内容と考えられる。ここでは，技術分野の目標である「よりよい生活の実現や持続可能な社会の構築に向けて，適切かつ誠実に技術を工夫し創造しようとする実践的な態度を養う」ための授業（**授業例8，p.58**）が考えられ，社会の形成者として技術と関わるための資質・能力が涵養されることになる。

　このように，「**主体的・対話的で深い学び**」は，授業の方法や技術の改善のみを意図するものではなく，「資質・能力を育成するために多様な学習活動を組み合わせて授業を組み立てていく（中央教育審議会答申p.49）」指針の下，適切に指導計画に含めることが重要である。

Key word　主体的な学び，対話的な学び，深い学び

4.「カリキュラム・マネジメント」を考慮した指導計画の立て方

中学校学習指導要領「第1章 総則 第1 中学校教育の基本と教育課程の役割」（p.4）では，カリキュラム・マネジメントについて以下の記述がある。

> 「各学校においては，生徒や学校，地域の実態を適切に把握し，教育の目的や目標の実現に必要な教育の内容等を教科等横断的な視点で組み立てていくこと，教育課程の実施状況を評価してその改善を図っていくこと，教育課程の実施に必要な人的又は物的な体制を確保するとともにその改善を図っていくことなどを通して，教育課程に基づき組織的かつ計画的に各学校の教育活動の質の向上を図っていくこと（以下「カリキュラム・マネジメント」という）に努めるものとする。」

このうち，指導計画に強く関係すると考えられる「教育の目的や目標の実現に必要な教育の内容等を教科等横断的な視点で組み立てていくこと」について，解説から関連記述を検討する。

中学校3年間の指導計画を検討する際には，技術分野を構成する各内容をどの学年に配置するのかを考える必要がある。

表4　各内容の指導学年と他教科との関連

学年	内容	他教科等との関連
1年	A「材料と加工の技術」 B「生物育成の技術」	小学校図画工作科「工具・機器や材料」など 小学校理科「季節と生物，植物の発芽，成長，結実，生物と環境」 中学校理科「植物の体のつくりと働き，動物の体のつくりと働き」など
2年	C「エネルギー変換の技術」 D「情報の技術」	中学校理科「エネルギー，電気，磁気，圧力，運動」など 中学校理科「電気や光，音の性質」 中学校数学「単位の概念や数式の意味」など
3年	D「情報の技術」	中学校理科「電気や光，音の性質」 中学校数学「単位の概念や数式の意味」など

技術分野を構成する各内容を示すA，B，C，Dの順序は，指導学年などを規定するものではないが，小学校との連携を踏まえてA「材料と加工の技術」とB「生物育成の技術」を1学年で指導することがカリキュラム・マネジメントの視点から考えられている（表4）。この場合，内容Aで使用する工具・機器や材料等については，図画工作科等の学習経験などとの関連を図るよう配慮する必要がある。また，内容Bの指導に当たっては，小学校理科における季節と生物，植物の発芽，成長，結実，生物と環境，及び中学校理科における植物の体のつくりと働き，動物の体のつくりと働きなど，関係する指導内容との連携を図るよう配慮する必要がある。

2学年での学習が想定される内容Cについては，理科におけるエネルギー，電気，磁気，圧力，運動など，関係する指導内容との連携を図るよう配慮する必要がある。

2学年，3学年での学習が想定される内容Dについても，原理・法則の指導に当たって，理科における電気や光，音の性質や，数学における単位の概念や数式の意味等，関係する指導内容との連携を図るよう配慮する必要がある。

各教科で学習する内容などの連携を図るのは従前の通りであるが，改訂された学習指導要領では「カリキュラム・マネジメント」という文言を用いている。文部科学省が示す資質・能力は，教育課程を通して育成を目指すものの総体として捉えることができるため，各教科での学習では，それぞれの学ぶ意義に基づいて，各内容に応じた資質・能力の育成を担っている意識が大切である。

第2章

新学習指導要領に向けた授業例

授業例1

模型の試作で構想を具体化する
ＤＬ材による設計・製作

Key Word	技術の仕組み（⇒p.6～9），設計・試作
学習指導要領との対応	Ａ「材料と加工の技術」(1)ア，(1)イ，(2)ア，(2)イ

　ＤＬ材を用いた設計・製作の学習を紹介する。授業計画の第1時～第7時は，材料と加工の特性や基礎的な技術の仕組みを理解する。第8時からは，模型の試作を通して構想を具体化し，設計の修正を加える。第11時と第12時は，使用者・生産者それぞれの立場から相互の設計を評価する「設計検討会」を設け，安全性や使用目的，制約条件から最適化された設計になっているか考える学習を行う。

📘 題材・単元のおすすめポイント

　生活上の問題を見いだして課題を設定し，ＤＬ材（規格化された製材部品）を加工して製作品を設計・製作することで問題の解決を図る。設計した内容は1／3スケールの模型を試作することで具体化され，機能や構造，製作工程などについて実感を伴いながら確認や修正をすることができる。模型の修正は容易に製作図に反映できるため，「設計」→「製作図」→「製作」が生徒の中で連続的に思考，活動できるようになる。

　ＤＬ材は縦びき作業がほとんどなく，切断，部品加工，接合にかかる作業時間が短縮でき，設計段階の授業時数を多めに確保することができる。

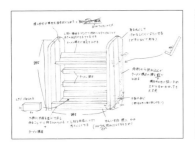  

📘 題材・単元の目標

・主な材料や加工についての原理や法則と，材料の製造方法や成形方法などの基礎的な技術の仕組みに関する知識を身に付けている。　　　　　　　　　　　　　　　　　　（知識及び技能）
・設計に基づき，工具や機器を安全に使用しながら材料取り，部品加工，組立て・接合及び仕上げができる。　　　　　　　　　　　　　　　　　　　　　　　　　　　　　（知識及び技能）
・生活上の問題を技術的に解決する方法を構想し，社会的，環境的及び経済的側面等から設計を比較・検討した上で，製作品の機能と構造を決定している。（思考力，判断力，表現力等）
・使用目的や使用条件に基づき，制約条件の下で生活をよりよくする製作品を設計・製作しようとしている。　　　　　　　　　　　　　　　　　　　　　　　　　　　（学びに向かう力等）

指導と評価の計画

時間	授業の学習活動	評価規準（観点）
1	○本立ての構成要素と働きを読み取る。 ○様々な本立てから技術の見方・考え方に気付く。 ○家の収納家具を「社会のニーズ」「安全性」「環境負荷」「コスト」の視点から捉え直す。	・収納家具の特徴を複数の視点から挙げることができる。　（思考力，判断力，表現力等）
2	○生活上の問題を発見する。 ○技術的な解決方法を考えて課題を設定する。 ○解決方法のラフスケッチをかく。	・生活上の問題を発見し，課題を設定することができる。　（学びに向かう力等）
3 4	○実験から様々な材料の特徴を知る。 ○様々な材料の製造・成形方法を知る。	・材料の特性や製造・成形方法についての知識を身に付けている。　（知識及び技能）
5	○構造を丈夫にする方法を知る。 ○構造を丈夫にする方法を実験により確かめる。	・構造を丈夫にする原理や法則を説明することができる。　（知識及び技能）
6 7	○材料取り，部品加工，接合，仕上げの工程を知る。 ○基礎的な加工の技術の仕組みを理解する。	・加工の方法や特性についての知識を身に付けている。　（知識及び技能）
8	○製作品の使用目的や制約条件を確認する。 ○製作品が課題を適切に解決できるかについて話し合う。 ○機能を加えたスケッチをワークシートにかく。	・使用目的や使用条件に即した機能を選択・工夫しようとしている。　（学びに向かう力等）
9〜12	○スチレンボードによる試作を行う。 ○社会的，環境的及び経済的側面等から設計を比較・検討する。 ○製作品の機能と構造を決定する。	・模型を用いて複数の側面から設計を検討し，製作品の機能と構造を決定している。 　（思考力，判断力，表現力等）
13〜15	○等角図及び第三角法で立体をかく。 ○製作品の製作図を等角図及び第三角法でかく。	・等角図と第三角法の図法によって構想を図に表すことができる。　（知識及び技能）
16〜25	○製作工程表と材料取り図を作成する。 ○安全に配慮して，材料取り，部品加工，組立て及び仕上げ作業をする。 ○作品や設計・製作過程の改良点を考える。	・製作図と製作工程表に基づき，工具や機械を使用して材料取り，部品加工，組立て，仕上げを行うことができる。　（知識及び技能）

・準備物：スタイロフォーム15mm厚，さしがね，両刃のこぎり，Fクランプ，ベルトサンダ，四つ目ぎり，げんのう，電動ドリルドライバ，紙やすり（＃240），直角定規

※個人支給：1×1材（15×15×600）2本，1×2材（15×30×600）4本，1×3材（15×45×600）4本，L材（30×45×600）2本，スチレンボード（1／3スケールで数量は同じ），両面テープ（これらは山崎教育システムから販売）

17

新しい学習指導要領に対応するためのポイント

○使用者，生産者の安全に配慮した設計を行うためのポイント

規格材であるDL材を用いた製作題材であるため，試作を用いて機能や構造に関する実践的・体験的な学習活動を充実させることができる。例えば，DL材と同じ15mm厚のスタイロフォームを用いた強度実験を行うことで，生徒は「丈夫さ」を視覚的・体験的に理解することができる。また，スチレンボードの試作によって頭の中のイメージが具体化され，生徒は使用場面を想定しながら機能を検討することが可能となる。

このようにして具体化された構想を基に，使用時の安全性や製作の効率などを両立させるために，使用者側から見た検討会と生産者側から見た検討会を1時間ずつ設定する。使用者側からは，試作を基に具体的な使用・廃棄場面における安全性を検討することが容易となる。一方，生産者側からは試作を行うことで特に接合の工程が想像しやすくなる。そのため，構造や製作工程における安全性と作業効率の検討を具体的に行うことにより，技術の安全な運用や倫理観の育成につながると考える。

○技術の「見方・考え方」により問題を見出して課題を設定し，解決策を構想させるための学習指導のポイント

内容Aに関する技術の「見方・考え方」を働かせるため，はじめに情報収集の時間を設定する。授業では簡易な「本立て」を基に各部品の構成要素や働きを読み取り，課題に応じて求められる構成要素やその働きが変化することに気付かせる。その上で，「必要性」「安全性」「環境負荷」「コスト」を条件として提示し，生徒が自ら設定した視点から家の収納家具を調査する活動を設定する。その際，長所・短所が混在することを前提として調べさせることで，折り合いを付けている＝最適化している部分に気付けることが期待できる。その後で生活上の問題を発見する活動を設定すると，製品の機能や形状のみでなく，環境面を考慮する必要性が喚起され，様々な視点から問題の発見と課題の設定に取り組むことができる。

○「主体的・対話的で深い学び」を実現するためのポイント

上記で述べた検討会において，模型を介して互いに構想のポイントや工夫した点を発表する活動を設定する。生徒は，発表時には自らの考えを整理したり明確にしたりすることで，より構想が精緻化される。また，他生徒の発表を聞く際には，他者の生活上の問題点に共感したり，構想に込めた思いや工夫を模型から読み取ったりすることができる。検討会の方法を具体的に示すことにより，対話的な学びが広がっていくことが期待できる。

学習指導案（指導計画の第11時）

授業の目標

模型を用いて設計を複数の側面から検討し，製作品の機能と構造を決定している。

(思考力，判断力，表現力等)

準備物

模型（個人），ワークシート（人数分），ポートフォリオ（個人），例示用模型

	□学習内容 ○学習活動	●教師の働きかけ	・指導上の留意点 ◎評価方法
導入 5分	1前時までの復習 ○前時までに作成した構想図と模型の内容を確認する。 2本時の学習課題をつかむ ○使用者の視点で使いやすさだけでなく，安全性や環境負荷，コストなど複数の視点から構想を改良する重要性を確認する。	●模型が構想を具体的に示しているか確認する。 ●欠点のある見本を提示し，改良する視点を生徒自ら発見しやすくする。	 ・見本の模型を提示し，安全性や材料の使い方など改良点に気付かせる。
展開1 20分	3改良の視点を知る ○指定された視点や場面から自分の設計を見直し，A～Cの3段階で評価する。	●視点として社会的，環境的，経済的側面を，場面として生産，消費，廃棄時を示す。	・製作品の外観だけでなく，加工法や接合方法にも注目させ，場面ごとにも見方・考え方を働かせる必要があることに気付かせる。

側面	内容	場面	評価	側面	内容	場面	評価
社会	使いやすさ	作る		環境	環境に優しい	作る	
	便利さ	使う			省資源	使う	
	必要性	捨てる			省エネルギー	捨てる	
	安全性	作る		経済	コスト	作る	
		使う			製作時間	使う	
		捨てる			製作の効率	捨てる	

○評価について班の友達と話し合い，妥当な評価か検討する。

19

展開2 20分	④設計を改良し，機能と構造を決定する ○③の評価を基に，改良点を具体的に考える。 ○考えた改良点について，実際に改良が可能か検討し，制約条件の下で実現可能な改良策を選択する。	●ワークシートに改良点をまとめさせ，よりよい解決策を整理させる。 ●制約条件を提示し，実現可能な改良策を選びやすくする。	◎複数の側面から設計を検討し，製作品の機能と構造を決定している。（思考力，判断力，表現力等，ワークシート）

改 良 点				
側面	何を	どうする	理由	採用○・×

まとめ 5分	⑤まとめと振り返り ○本時の振り返り ○次時の確認	●様々な視点から設計を改良したことを確認する。 ●本時は使用者，次時は生産者の立場から設計を見直すことを伝える。	

学習評価の規準・基準

評価規準（観点）：模型を用いて複数の側面から設計を検討し，製作品の機能と構造を決定している。

(思考力，判断力，表現力等)

A評価	B評価	C評価
B基準を満たし，さらに折り合いを付けながら改良点を検討し，製作品の機能と構造を決定している。	複数の側面から設計を検討し，製作品の機能と構造を決定できている。	製作品の機能と構造を決定する際，一つの側面からしか設計を検討できていない。
・製作品の設計をすべての側面から検討し，使用目的や使用条件と照らし合わせて折り合いをつけながら機能と構造を決定している。（例：環境負荷や製作にかかるコストを考慮しつつ，最優先する側面と折り合いをつけている。作る時，使う時，捨てる時などの場面も含めて総合的に判断し，収納しやすい機能と，使用に耐えられる丈夫な構造を決定した。）	・製作品の設計を複数の側面から検討し，課題が解決できるよう機能と構造を決定できている。（例：環境負荷や製作にかかるコストを考えながら，収納しやすい機能と，使用に耐えられる丈夫な構造を決定した。） 〈A評価にするための手立て〉 検討した内容を使用目的や使用条件に照らし合わせ，トレード・オフに基づいて考えるよう助言する。	・機能や構造は選択できるが，一つの側面からしか改良点を考えていない。（例：収納しやすい，という側面だけ考えて製作品の機能と構造を決定している。） 〈B評価にするための手立て〉 班の話合いにおいて，必ず複数の側面から質問するよう促したり，一緒に考えたりする協働の学びが実現するよう助言・指導を行う。

20　第2章 新学習指導要領に向けた授業例

授業の様子

【第8時における構想】
使用目的や制約条件を踏まえて、機能を加えたスケッチをする。

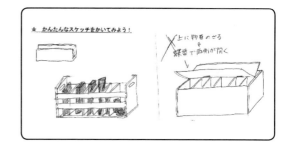

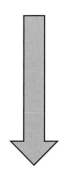

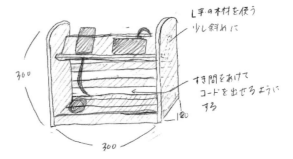

【第11時の感想】
トレード・オフの考え方と複数の側面について記載している。

【第12時における修正】
検討会を経て、総合的に選択した機能と構造が具体的に記載される。

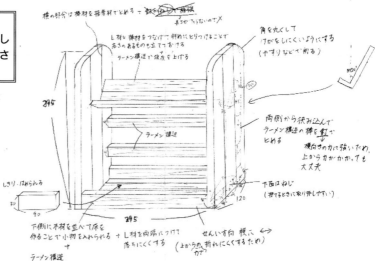

授業例2
技術開発の経緯から気付かせる技術の「見方・考え方」

Key Word	技術の見方・考え方（⇒p.6〜9），対話的な学び（⇒p.12〜13）
学習指導要領との対応	B「生物育成の技術」（1）ア，（1）イ

　作物の栽培，動物の飼育及び水産生物の栽培に関する知識を関連付けながら習得する学習を紹介する。第1時では，予め調査する側面を指定し，「科学的な原理・法則」や「基礎的な技術の仕組み」を基にして，「問題解決の工夫」を考え，生物育成の技術の見方・考え方について気付かせる。第2時から第5時では，生物の特性やそれに応じた管理作業，育成環境を調節する技術について調べ学習を行う。ここでは，ICTを活用しながら短時間で効率的に「科学的な原理・法則」や「基礎的な技術の仕組み」を習得し，「技術の見方・考え方」を働かせながら問題解決を図るというB（2）へ接続しやすい展開とする。

題材・単元のおすすめポイント

　B（1）では，作物の栽培，動物の飼育及び水産生物の栽培に関する知識及び技能や問題解決の工夫についてすべて扱うようになった。その際には，生物育成の技術の「見方・考え方」について気付かせ，そこで用いられる共通の「技術の仕組み」や「科学的な原理・法則」に関わる知識及び技能を理解させる必要がある。そのため，新たに開発されたマグロの養殖技術などを一例として，生物育成の技術の「見方・考え方」を捉え，作物の栽培や動物の飼育などに共通する「技術の仕組み」や「科学的な原理・法則」に気付き，様々な生物を対象とした育成技術の有機的な理解に結び付くようにする。

　指導法の工夫として，一斉授業型の受動的な授業展開ではなく，ICT機器の活用や知識構成型ジグソー法などを用いて生徒自身の気付きを大切にしながら，「主体的で対話的な学び」の実現を目指す。学校の立地条件によっては，民間企業や試験研究機関などからゲストティーチャーを招いたり，インタビューを視聴したりする中で，生産者の意図を読み取る活動を設定することも考えられる。その際は，生物育成の技術の見方・考え方に基づき，複数の側面から読み取れるようにすることもできる。

ＩＣＴ機器の活用

知識構成型ジグソー法

題材・単元の目標

・作物，動物及び水産生物の成長，生態についての知識を身に付けている。　　（知識及び技能）
・生物の育成環境を調節する方法についての知識を身に付けている。　　　　　（知識及び技能）
・生物育成の技術に込められた工夫を読み取り，生物育成の技術の見方や考え方に気付くことができる。　　　　　　　　　　　　　　　　　　　　　　　　　（思考力，判断力，表現力等）
・進んで生物育成の技術と関わり，主体的に理解し，技能を身に付けようとしている。

（学びに向かう力等）

指導と評価の計画

時間	授業の学習活動	評価規準（観点）
1	○ 養殖技術の利点を，社会的，環境的，経済的側面から調べる。 ○ 意見交換を通して，生物育成の技術に関わる問題解決の工夫について知る。 ○ 生産者や開発者が計画等に込めた意図を考える。	・生物育成の技術に込められた工夫を読み取り，生物育成の技術の見方や考え方に気付くことができる。（思考力，判断力，表現力等）
2 3	○ 作物，動物，水産生物が成長する過程を調べる。 ○ 意見交換を通して，生物の成長に関する共通点や，その過程での管理作業を考える。 ○ 生物が成長する仕組み，生物の分類・育種，及び生理・生態の特性等の，生物育成についての原理・法則について知る。	・作物，動物及び水産生物の成長，生態についての知識を身に付けている。 　　　　　　　　　　　（知識及び技能） ・進んで生物育成の技術と関わり，主体的に理解し，技能を身に付けようとしている。 　　　　　　　　　　　（学びに向かう力等）
4 5	○ 光量や施肥量の違いが作物の生育に影響することをデータから確認する。 ○ 育成環境を調節する方法や管理作業といった，作物，動物及び水産生物の育成に共通する基礎的な生物育成の技術の仕組みについて理解する。 ○ 育成環境を調節する「技術の仕組み」が，社会や生活で活用されていることに気付かせる。	・生物の育成環境を調節する方法について説明することができる。　　（知識及び技能） ・進んで生物育成の技術と関わり，主体的に理解し，技能を身に付けようとしている。 　　　　　　　　　　　（学びに向かう力等）

・準備物：タブレット（ノートパソコンでも可），
・理科における植物や動物の体のつくりと働きに関係する指導内容，学年を確認した上で，配慮して計画する。
・小学校理科の学習内容の定着度や，総合的な学習の時間等による生物育成の経験を確認し，生徒個々の学習状況を把握する。

新しい学習指導要領に対応するためのポイント

○「科学的な原理・法則」や「技術の仕組み」を指導するためのポイント

　生物育成の技術の学習では，育成環境を調節する「技術の仕組み」を，その対象となる育成生物に関する「科学的な原理・法則」に着目し，社会的，環境的，経済的な側面から最適化することが必要となる。第２時と第３時では，作物，動物，水産生物のそれぞれが成長するサイクルから共通する特性や固有の性質を見いだした上で，生徒が選択した生物に関する特性やそれに応じた管理作業を調べさせる。調査結果を互いに報告し，共通点や相違点をまとめることで，「科学的な原理・法則」を理解することが期待できる。

　また，第４時と第５時には育成環境を調節する「技術の仕組み」を学習することで，第２時からの学習に連続性をもたせ，作物，動物及び水産生物を安定的に育成するために，「科学的な原理・法則」に配慮し，「技術の仕組み」が生み出されてきたことを理解させる。具体的には，光量や施肥量によって生育の速度や大きさが異なることなど，小学校理科で学習した事項を確認した上で，具体的な数値等のデータを示して生育のちがいを確認する。ここでは，ICT機器を活用して光量や施肥量のグラフや生育の様子の動画等を提示することで，データに基づいて育成環境を調節する「技術の仕組み」が，生物育成の技術として社会や生活で活用されていることを認識させる。

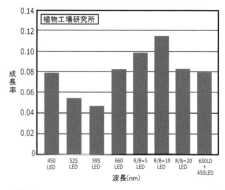

（参考：http://www.sasrc.jp/pfl.htm）

○「技術の見方・考え方」や「問題解決の工夫」を気付かせるためのポイント

　第１時では，A：安定供給，B：食の安全性，C：品質・収量等の確保，D：環境負荷の軽減，E：経済性の五つの側面をクラス内で分担し，①どこにどのような問題があり，②どのような条件下で解決に至ったか，③どのような技術を応用・活用したのかという三つの調査項目を設定して，それぞれインターネット等による調査を二人一組で行う。調査の視点を明確に与えることで，生徒は「問題解決の工夫」がより具体的に捉えやすくなると考える。また，他の内容における「技術の見方・考え方」を振り返らせた上で生物育成の「技術の見方・考え方」をおさえることにより，内容間の思考の転移や深化を図る。

○「主体的・対話的で深い学び」を実現するためのポイント

　第１時では，提示資料や調査内容から生物育成の問題とその解決方法を読み取ることで，生産者や開発者との間接的な対話による学びも可能となる。第２時〜第５時においては，知識構成型ジグソー法を応用し，調べたことや自分の生活経験を生徒自身の言葉で語り合うことで，他者や自分との対話を通して技術と生活や社会との関わりを実感できるようにする。

学習指導案（指導計画の第1時）

授業の目標

・生物育成の技術に込められた工夫を読み取り，生物育成の技術の見方や考え方に気付くことができる。 （思考力，判断力，表現力等）

準備物

タブレット40台，ワークシート，大型モニタ，提示資料（画像）

	□学習内容 ○学習活動	●教師の働きかけ	・指導上の留意点 ◎評価方法
導入 5分	①マグロの完全養殖が可能になったニュースから，技術による社会の変化について考える	●マグロの漁獲量減少とクロマグロ完全養殖成功のニュースを提示する。	・問題の発見と技術による解決の流れを全体で共有する。
	②本時の学習課題をつかむ ○マグロの完全養殖技術における問題の解決に活用された工夫について考える。	●クロマグロ漁業の問題点を解決するために養殖技術が開発されたことに気付かせる。	
展開1 20分	③課題の解決に向けて見通しをもつ ○A:安定供給，B:食の安全性，C:品質・収量等の確保，D:環境負荷の軽減，E:経済性から調べようとする。 ○選択した側面に関連する生物育成の技術の問題を調べる。 ○どのような制約条件下で，問題をどのように解決したのか調べる。 ○解決にあたりどのように技術を改良・応用したのか考える。	●クロマグロ完全養殖を例に挙げ，課題の見通しがもてるよう説明する。 	
	④二人一組で側面を選択し，調べ学習を行う	●問題の解決にあたり，数値データなどの科学的根拠に基づいているか考えさせる。	・科学的根拠に基づいているか考えさせることで，前時までの「科学的な原理・法則」の学習と関連が図れるようにする。

25

展開2 20分	5 調査結果を報告し合う ○A〜E（調査の側面）の担当者がすべてそろうように5人グループを編成する。 ○互いに調査結果を共有し合い，ワークシートに記録する。 ○関心の高い問題解決の工夫について，さらに調べる。	●生物の種類が固まらないよう，事前に調査対象を把握しておく。 ●調査に利用した資料やWebページを紹介させ，互いに関心を高められるよう促す。	◎取り上げた技術がどのように生活や社会の問題を解決しているか，その工夫を読み取ることができる。 （思考力，判断力，表現力等，ワークシート）
まとめ 5分	6 まとめと振り返り ○本時の振り返り ○次時の確認	●安定供給，食の安全性，品質・収量等の確保，環境負荷の軽減，経済性などの観点を基にして生産されていることを確認する。	・それぞれの側面は作物，動物，水産生物のいずれにも該当することを知らせる。

○学習評価の工夫点，留意事項

　導入時，本時の学習課題とともにA評価，B評価の規準や，どのような評価方法なのかを生徒に説明し，共通理解を図る。本時においては，3 でクロマグロの完全養殖を例示するため，具体的にA評価，B評価の記載例も説明し，生徒一人一人が自分の目指す姿を理解した状態で調べ学習に取り組むことができる。

　ペア学習で調べ学習を進めることで，確認やつぶやきなどのお互いの対話から「技術の見方・考え方」に深まりが生まれ，自然と相互評価する雰囲気を醸成したい。そこで調べた内容と事前に提示した評価規準例を照らし合わせることで，その後の 5 の活動においても生徒は自信をもって発表に臨めると考える。

　ジグソー法は一人一人の学習に主体性が生まれやすい一方で，意欲が低い生徒は知識を共有する際に単純に書き写すだけになるなど，知識の定着について丁寧な指導が必要となる。従って，目標や評価を明確に示すことにより，生徒自身が自己評価しやすくなり，知識を共有する場面でも意欲的に活動することが期待できる。

学習評価の規準・基準

評価規準（観点）：取り上げた技術がどのように生活や社会の問題を解決しているか，その工夫を読み取ることができる。
（思考力，判断力，表現力等）

A評価	B評価	C評価
B基準を満たし，複数の側面から様々な生物育成の技術の問題とその解決方法をまとめ，技術に込められた様々な問題解決の工夫を挙げることができる。	取り上げた技術の問題を一つの側面から捉え，その解決方法の工夫を挙げることができる。	取り上げた技術の問題と解決方法が理解できず，その工夫を挙げることができない。
・ワークシートの記述において，複数の側面からそれぞれの問題とその解決方法をまとめ，技術に込められた様々な問題解決の工夫に関する記述をしている。 （例：安定供給について植物工場を，安全性に関して鳥インフルエンザ対策の工夫を記述している。）	・ワークシートの記述において，選択した側面から問題とその解決方法を調べ，技術に込められた工夫を記述している。 （例：環境負荷の軽減について，砂漠の緑化技術によって砂漠化の進行を阻止している。） 〈A評価にするための手立て〉 他生徒から紹介された他の側面に関する問題解決を取り上げ，調べなおすよう促す。	・ワークシートの記述において，取り上げた技術の問題に対する解決方法や，その工夫に関する記述がない。 〈B評価にするための手立て〉 選択した側面に関する技術の問題を提示し，資料の内容を分かりやすく解説することで解決方法に気付かせる。

授業の様子

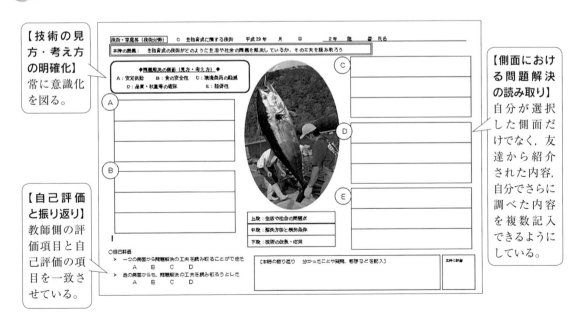

【技術の見方・考え方の明確化】
常に意識化を図る。

【自己評価と振り返り】
教師側の評価項目と自己評価の項目を一致させている。

【側面における問題解決の読み取り】
自分が選択した側面だけでなく，友達から紹介された内容，自分でさらに調べた内容を複数記入できるようにしている。

授業例3

育成環境を計画・管理・評価・改善するプチ植物工場で生物育成

Key Word	技術の仕組み（⇒p.6〜9），問題の発見と課題の設定
学習指導要領との対応	B「生物育成の技術」(2)ア，(2)イ

　自作の植物工場を用いた作物の栽培による課題解決を行う学習を紹介する。第1時〜第3時では，生物育成の技術に関する社会からの要求について調べ，課題の設定とそれを解決するための作物の育成計画を立案する。第4時〜第8時では，育成計画と成長に応じた管理を行う。指導案として示す第9時では，育成過程・結果の評価と育成計画の修正について考える。計画・管理・評価の過程での思考を活性化させるため，育成する作物の個体差を小集団活動で扱うようにしている。

題材・単元のおすすめポイント

　本題材では，LEDを光源とした自作の植物工場を教材として，課題を解決するための作物を育成する。この教材は作物の栽培に十分な光合成光量子束密度があり（150[mm]離れた地点で200[$\mu mol/m^2 s$]以上），施設内で作物を栽培させることができるため，天候と場所に依存せず空き教室等を利用した栽培ができ，露地での栽培と比較して品質の差が少なく管理しやすい。また，新学習指導要領解説の社会からの要求の例にある「安定した食生活を送るために自然環境の影響を受けずに作物を栽培したいという人々の願い」にも対応できる。

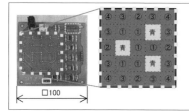

点線の枠で囲まれた25個のLEDは，左図のようにグルーピングされており，中央下の実線で囲まれた端子には，DCファインを接続することができる。LEDとファンは右上の破線枠で囲まれたDipスイッチでON/OFFを切り替える。
詳細は以下URLを参照
http://home.hiroshima-u.ac.jp/kent223/

　同じ照明を用いた施設内での管理に基づく栽培でも作物の成長には個体差が生じる。そのため，本題材では4人班で共通の育成目的を設定させる。ただし，育成計画は個人で立てることで，1つの育成目的に対して複数のアプローチ（管理作業）ができることになる。そして，指導計画の第9時にあたる授業で，それぞれの育成計画と結果を照らし合わせ，作物の特性などの「科学的な原理・法則」や計画・管理した「技術の仕組み」を踏まえて，どのアプローチが有効に働いたのかを考えさせながら育成過程や結果の評価を行わせる。また，生徒が育成計画を立てる資料とするため，事前に行うB(1)の学習と並行して育成する候補の作物を栽培しておくとよい。

リーフレタスの栽培比較
（左：太陽光のみ，右：太陽光＋植物工場）

題材・単元の目標

・育成計画を基に，作物の成長に応じた管理作業ができる。　　　　　　　　（知識及び技能）

・課題を解決するために有効な技術を選択し，適切な育成計画を立てて表現することができる。

　　　　　　　　　　　　　　　　　　　　　　　　　　　　　　　（思考力，判断力，表現力等）

・育成過程と結果を適切に評価し，育成計画を修正することができる。

　　　　　　　　　　　　　　　　　　　　　　　　　　　　　　　（思考力，判断力，表現力等）

・作物の栽培に関わる問題を発見し，解決するための課題を設定して，それに適した作物の選択と育成計画を作成しようとしている。　　　　　　　　　　　　　　　（学びに向かう力等）

指導と評価の計画

時間	授業の学習活動	評価規準（観点）
1	○生物の育成に向け，社会のニーズや問題を新聞やインターネット等で調査する。 ○調査した社会のニーズや問題を，社会的・環境的・経済的側面から分類する。 ○生活や社会の生物育成に関する問題を見出す。	・作物の栽培に関わる問題に気付こうとしている。　　　　　　　　（学びに向かう力等）
2	○前時で発見した問題から解決すべき課題を設定する。 ○課題解決に適した作物を選択し，育成目的を設定する。 ○植物工場で栽培することを前提に，選択した作物の育成方法を調べる。	・解決するための課題を設定し，それに適した作物を選択しようとしている。 　　　　　　（思考力，判断力，表現力等） 　　　　　　　　　　（学びに向かう力等）
3	○前時で調べた育成方法をグループ内で交流する。 ○交流した内容を基に，個人で課題解決に有効な光の量，色などに配慮し，育成計画を作成する。	・課題を解決するために有効な技術を選択して適切に組み込み，育成計画に表現することができる。　　（思考力，判断力，表現力等）， 　　　　　　　　　　（学びに向かう力等）
4〜8	○各作物の成長の様子を観察する。 ○育成計画を基に，各作物の成長に合わせて灌水や追肥などの管理作業をする。	・育成計画を基に，作物の成長に応じた管理作業ができる。　　　　（知識及び技能）
9	○育成計画・管理記録を基に，育成過程と結果を評価する。 ○育成計画の改善方法を検討し，修正する。 ○修正した育成計画を交流する。	・育成過程と結果を適切に評価し，より合理的な育成計画に修正することができる。 　　　　　　（思考力，判断力，表現力等）

・準備物：インターネットに接続できるコンピュータ（生徒人数分が望ましい），製作した植物工場基板（生徒人数分），植物工場基板用ＡＣアダプタ（生徒人数分），育成する作物（生徒人数分），テーブルタップ（班に１つ），タブレット端末や電子黒板など（必要に応じて）

・本題材の前にB(1)で基本的な知識・技能は既習とした指導計画であるが，引き続き小学校理科における季節と生物，植物の発芽，成長，結実，生物と環境，及び中学校理科における植物の体のつくりと働き，動物の体のつくりと働きなど，関係する指導内容との連携が図れるよう配慮する必要がある。また，光源の種類や電子回路など「Ｃエネルギー変換の技術」や理科における電気の学習内容とも関連が深いため，連携が図れるよう配慮する必要がある。

新しい学習指導要領に対応するためのポイント

○技術の「見方・考え方」により問題を見出して課題を設定し，解決策を構想させるための学習指導のポイント

　問題の発見に当たっては，技術の見方・考え方を活かし，作物の育成が人間の生活と密接に関係しており，食に対する安全性，生産の仕組み，品質・収量等の効率，環境への負荷，経済性，生命倫理など，社会からの要求が多様であることを踏まえさせる。これらの問題に準じて，どのような目的意識を持って，何の作物をどのように育てるのかを課題設定させる。その場面では，右図のような簡単なレーダーチャートを描かせることで社会的・経済的・環境的の3つの側面に優先度をつけ，方向性を絞らせる。

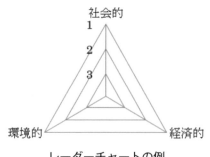

レーダーチャートの例

　解決策の構想場面では，課題に応じて解決に適した作物が異なることが考えられる。そこで，本題材では「育てるグリーンペット（SEISHIN製）」を用いることを想定している。バジルやワイルドストロベリーといったハーブや，レタスやミニトマトもあるため，育成する作物の選択も構想に取り入れることができる。

育てるグリーンペット
（©聖新陶芸株式会社）

○知的財産を創造，保護，活用しようとする態度，技術に関わる倫理観，他者と協働する態度，安全などに配慮する態度などを育成する学習指導のポイント

　本題材の指導計画では，第1時でそれぞれが調べた社会からの要求を持ち寄り，第2時に4人班で意見をすり合わせて解決すべき課題を設定する場面がある。そこで，それぞれの多様性を尊重し合い，協働する態度を育むことができる。この際には，ただ主張し合ったり譲り合ったりするのではなく，例えば上記のレーダーチャートを用いて，特に重要視したいポイントとその理由を伝え合うように指導する。

○「主体的・対話的で深い学び」を実現するためのポイント

　本題材では，光の量や質，温度などをLEDやファンを用いた植物工場として育成環境を調節する。また，その育成過程では灌水や追肥などの管理作業を行う。このように，「技術の仕組み」を用いて育成環境を調節する計画を基に，「科学的な原理・法則」に基づく作物の成長に応じた管理作業を行うことは，「技術の見方・考え方」を働かせ，育成目的に準じた知識・技能を活用する「深い学び」に結びつけることができる。

　育成過程や結果の評価場面では，共有の課題設定のもと，個別に計画・育成した成果と管理作業の記録を持ち寄ることで，評価・改善の視点が広がる。このような方法は，「対話的な学び」により，育成計画を評価・改善を目指す「深い学び」につながる。

学習指導案（指導計画の第9時）

授業の目標

育成過程と結果を適切に評価し，より合理的な育成計画に修正することができる。

（思考力，判断力，表現力等）

準備物

ワークシート（人数分），実物投影機とプロジェクタ，スクリーン，タブレット端末，電子黒板など（学校や生徒の実態に合わせて準備できれば）

	□学習内容 ○学習活動	●教師の働きかけ	・指導上の留意点 ◎評価方法
導入 5分	①前時までの復習 ○育成計画と管理記録を確認する。 ②本時の学習内容を知る ○管理記録に基づき，育成計画・管理作業の評価と修正を行い，全体で交流することを把握する。	●育成計画に基づき管理を行ってきたことを振り返らせる。	・本時の最後では，生物育成の技術の見方・考え方に基づいた交流を行うことを伝える。
展開1 20分	③育成過程と結果を評価する ○各自で設定した課題・育成計画から育成過程・結果を評価し，新たな課題を見出す。 ○班で育成過程・結果，新たな課題を交流する。	 タブレット端末を用いた班での交流の様子	・班で共通の育成目的を決定し，班員それぞれが育成計画を立てるため，それぞれの管理を交流させることで，効果的であったと考えられる管理を確認させる。 ・班での情報交流では，適宜ICT機器を用いて，思考過程等を残すことができることが望ましい。

育成目的	重視する視点	理由
という課題を解決するため， を栽培する。	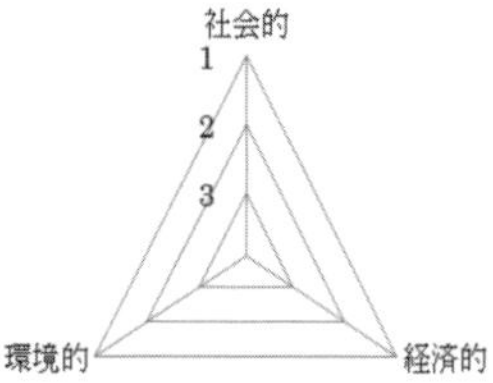 社会的 1 2 3 環境的　　経済的	

栽培計画ワークシート例

31

展開2 15分	④育成計画の改善方法を検討し，修正する ○新たな課題に対する合理的な解決案を班で出し合い，育成計画の修正について検討する。	●指導計画第3時で立案した育成計画に，赤色のペンなどで追記させる。	・まとめで全体交流をさせるため，ここでは追記のみとし，授業後に最終育成計画を提出させる。 ◎育成過程と結果を適切に評価し，より合理的な育成計画に修正することができる。（思考力，判断力，表現力等，育成計画）

作業 予定日	作物の 状態の目安	管理作業の計画・ 必要物品	実際の 管理作業記録	気付き

栽培計画ワークシート例

まとめ 10分	⑤修正した育成計画を交流する ○各班の育成結果から考察された修正栽培計画の交流により，新たな技術の見方・考え方に気付く。	●交流後，育成計画の最終案を作成させる。	・各種ICT機器などを用いて，修正した栽培計画を全体で見ることができる支援をする。

○学習指導の工夫点

　グループにタブレット端末を1台ずつ配布し自由に利用させる。それぞれのグループでは，ホワイトボード代わりに利用して意見をまとめたり，カメラ機能を利用して静止画で情報を補完したり，意見交流中に新たに発生した疑問等をインターネットで調べたりして活用する。また，電子黒板と連携したソフトウェアを用いることで，生徒の思考過程を自動的に記録することができる。さらに，タブレット端末の画面を大画面で全体共有したりすることで，生徒の意見発表を補助したりすることできる。

学習評価の規準・基準

評価規準（観点）：育成過程と結果を適切に評価し，より合理的な育成計画に修正することができる。

（思考力，判断力，表現力等）

A評価	B評価	C評価
Bの基準を満たし，管理作業の回数や方法などを具体的に決定している。	育成過程と結果を適切に評価し，それぞれの作物に応じて合理的な管理作業を育成計画に反映することができる。	育成過程と結果を評価し，それぞれの作物に応じて合理的な管理作業を育成計画に反映することができていない。
・育成過程と結果を適切に捉え，作物に対する育成の目的を達成するための合理的な管理作業を回数や方法を具体的に記述している。 （例：作物の成長に伴い，水の減りが早くなることを考慮していなかったため，リーフレタスの葉がしおれてしまった。残りの水のチェックの頻度を2週間ごとに，2回/週から3回/週，4回/週と増やしていく。）	・修正した育成計画の記述において，育成過程と結果から育成した作物に対する育成の目的を達成するための合理的な管理作業が見られる。 （例：作物の成長に伴い，水の減りが早くなることを考慮していなかったため，リーフレタスの葉がしおれてしまった。残りの水のチェックの頻度を成長に応じて多くする必要がある。） 〈A評価にするための手立て〉 改善すべき管理作業に対して，何を・どのように・どれくらいかを問いかけ，考えさせる。	・修正した育成計画の記述において，育成過程と結果から育成した作物に対する育成の目的を達成するための合理的な管理作業が見られない。 〈B評価にするための手立て〉 育成過程・結果の課題を再確認させ，同じ班員の修正案を参考にさせたり，全体での改善案の交流で気付かせたりする。

授業の様子

○ワークシートの例

栽培目的	重視する視点	理由
食品に異物が混入するという課題を解決するため， 安心して食べることができるサラダ用のリーフレタス に栽培する。	社会的 1 2 3 環境的　　経済的	スーパーやコンビニのお弁当やサラダに虫が入っているというニュースがあった。だから，農薬を使わずに火を通さなくても安心して食べることができるリーフレタスを育てようと思った。

【第3時，第9時の展開1の記述例】
第1時，第2時で調べた問題を基に，班で設定した課題。
班で共通認識を図ったこの栽培目的から具体的な栽培計画を作成していく。

授業例4

技術による問題解決の工夫を読み取る製品の分解

Key Word	対話的な学び（⇒p.12～13），技術の見方・考え方（⇒p.6～9）
学習指導要領との対応	C「エネルギー変換の技術」（1）ア，（1）イ

　ダイソンエンジニアリングボックスを利用して掃除機モデルの分解から設計者の意図を読み取る学習を行う。この学習を契機として，エネルギーを伝達するための基礎的な技術の仕組みなどを学習する。授業計画の第1時は，一般財団法人ジェームスダイソン財団から教材として無料で貸出されているダイソンエンジニアリングボックスを利用して掃除機モデルの分解・組立てを行い，開発の経緯を考え，掃除機に用いられている技術が，社会からの要求や環境負荷，経済性など様々な観点から最適化されていることに気付かせる。

題材・単元のおすすめポイント

　この題材では第1時における掃除機モデルの分解・組立ての学習を通して，「掃除機の吸引力を持続したい」という問題点を解決する過程において，掃除機の開発者が設計に込めた意図について考えさせる。ここでは，単に社会からの要求だけでなく，使用者の安全や騒音などの環境負荷に配慮し，経済性を考慮するなど様々な設計要素から開発されていることや，このような製品の開発・設計には，「技術の仕組み」や「科学的な原理・法則」に関わる知識及び技能が必要であることを気付かせることができる。

　第2時以降では，歯車模型を利用した簡単な実験による動力伝達の仕組みの理解を図る。歯車のかみ合いによる回転方向及び回転数の違い，また回転速度と力の関係を簡単な実験を通して理解させた上で，ペットボトルを持ち上げるギアシステムの製作を行い，目的に応じた機構について考えることをねらいとした。

　ダイソンエンジニアリングボックスを利用することにより，生徒にも身近に感じることのできる掃除機モデルを簡単に分解できる。また，実際の製品に使われている部品を観察し，技術の仕組みを調べることにより，生徒の興味・関心を持たせながら，問題解決の工夫を読み取ることができる。

ダイソンエンジニアリング
ボックスの掃除機モデル
（©ダイソン株式会社）

題材・単元の目標

・製品の分解・組立て，実験を通して，動力伝達の仕組みや共通部品について知ることができる。 (知識及び技能)

・社会からの要求，安全性，環境負荷や経済性などに着目し，機器に用いられている技術が最適化されていることについて考えることができる。 (思考力，判断力，表現力等)

・動力伝達の構成を変えることで，動作や出力に違いが生じることを知り，目的に応じた動力伝達の機構モデルを考えることができる。 (思考力，判断力，表現力等)

・生活や社会で見いだされた問題が様々な観点から技術的に解決されていることに気付くことができる。 (学びに向かう力等)

指導と評価の計画

時間	授業の学習活動	評価規準（観点）
1	○ダイソンエンジニアリングボックスを利用して，掃除機モデルの分解を行う。 ○製品の分解を通して開発者が設計に込めた意図を読み取る。	・社会からの要求，安全性，環境負荷や経済性などに着目し，掃除機に組み込まれている技術が最適化されていることについて考えることができる。 (思考力，判断力，表現力等) ・生活や社会で見いだされた問題が様々な観点から解決されていることに気付くことができる。 (学びに向かう力等)
2	○身の回りの動力伝達の仕組みを知る。 ○簡単な実験を通して，歯車の回転方向，歯数及び回転数の関係を理解する。	・動力伝達の仕組みや共通部品について知ることができる。 (知識及び技能)
3	○出力軸の回転速度が①速い・②遅いの2種類の歯車装置を製作する。 ○製作した2種類の歯車装置を比較し，出力軸の回転数と回転力の関係を知る。	・動力伝達の仕組みをモデル化し，実験を通して動作を確かめることで，目的とする動きに変換して動力を伝える機構について知ることができる。 (知識及び技能)
4	○課題を把握し，歯車装置に必要な出力軸の回転数と回転力を設定する。 ○課題を解決するための歯車装置を製作できる。	・歯車装置の構成を変えることで，動作や出力に違いが生じることを知り，目的に応じた歯車装置の製作ができる。 (思考力，判断力，表現力等)

・準備物：ダイソンエンジニアリングボックス（4人毎に1台貸出），TECH未来001（2人に1台が望ましい），単3電池（TECH未来教材×1本ずつ），500 mLペットボトル容器，たこ糸（必要に応じて）

・分解・組立ての指導を行う際にはICTを活用した資料の提示が望ましい。

・理科におけるエネルギー，電気，運動に関係する指導内容を確認した上で配慮して計画する。

・問題解決的な学習の充実を図り，企業など外部機関との連携による効果的な学習が進むよう計画的に指導時期を検討する。

新しい学習指導要領に対応するためのポイント

○「科学的な原理・法則」や「技術の仕組み」を指導するためのポイント

　掃除機モデルの分解では，掃除機のしくみとして用いられている「サイクロン技術」の活用を，吸い込まれたゴミの流れと空気の流れを分解した部品の観察から考えさせる。ワークシートに空気の流れとゴミの流れを図示しながら学習することで，遠心力が空気とゴミを分離させる原理・法則や，円錐形の形状で空気の回転速度を上げる技術の仕組みを，部品の形状や構造から考えさせることができる。また，掃除機を分解する際には，ねじやナットなどの共通部品の役割についても学習することができる。

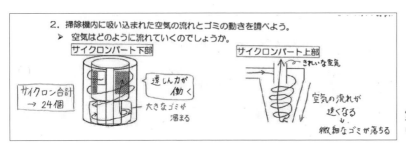

第1時の学習内容②のワークシート例

○技術の「見方・考え方」や「問題解決の工夫」を気付かせるためのポイント

　掃除機に用いられている「サイクロン技術」や空気とゴミの流れを踏まえて，掃除機が一つの製品としてどのように設計されてきたのかを読み取らせる。紙パック式掃除機の「ゴミの詰まりから生じる吸引力の低下」という問題を見いだし，「吸引力の変わらない掃除機を開発したい」という課題を設定し，「サイクロン技術」を効果的に活用する空気の流れを最適化して掃除機を開発・設計していることに気付かせる。また，掃除機の開発・設計に関わる配慮が社会的側面，環境的側面及び経済的側面など多岐にわたることについて気付かせ，開発者が設計に込めた意図を考えさせる。

第1時の学習内容③のワークシート例

○「主体的・対話的で深い学び」を実現するためのポイント

　掃除機の分解過程では，小集団で一つ一つの部品の意図を考えさせながら学習を展開することで製品の開発過程を考えさせ，主体的で対話的な学びを実現する。また，開発者が製品を使用する状況や使用することの影響をどのような観点で想定し，設計しているのかを考えさせることで，エネルギー変換の技術の「見方・考え方」に気付かせ，生活や社会における問題を技術によって解決する深い学びへとつなげることが期待できる。

学習指導案（指導計画の第1時）

授業の目標

・掃除機に組み込まれている技術の最適化について考えることができる。

（思考力，判断力，表現力等）

・生活や社会で見いだされた問題が様々な観点から解決されていることに気付くことができる。

（学びに向かう力等）

準備物

掃除機の実物と模型（ダイソンエンジニアリングボックスを使用），十字ねじ回し（ダイソンエンジニアリングボックスに付属）

	□学習内容 ○学習活動	●教師の働きかけ	・指導上の留意点 ◎評価方法
導入 10分	①サイクロン掃除機の誕生の経緯を知る ○サイクロン掃除機がなぜ開発されたのかを考える。	●従来の紙パック式掃除機を説明する。 ●紙パック式の掃除機の問題点を解決するために開発されたことに気付かせる。	・実物の掃除機を扱い，より身近なものとして捉えさせる。
展開1 15分	②掃除機に流れる空気と吸い込まれるゴミの流れを考える ○サイクロンパートの分解をする。 ○ボディパートの分解をする。	●空気の流れとゴミの動きに注目し，筒の中でサイクロン技術がどのように使われているのかを調べさせる。 ●目に見えないゴミを集めるための構造を調べさせる。 ●ボディパート内の空気の流れを考えさせる。 ●フィルタから外に空気が排出されるまでの流れを確認する。	・目に見えるゴミと見えないゴミがどのように集積されているのか製品の分解を通して考えさせる。 ・円錐形によって遠心力が働き，先が細くなることでらせん状に空気が下降する。 ・2層構造で計24個のサイクロンが強力な遠心力となり吸引力を大きくする。 ・強力な空気の流れを作るだけでなく，小型で軽量なモータになっている。

サイクロンパートの部品

ボディパートの部品の一部

展開2 10分	③分解した部品から製品の仕様について考える ○分解した部品の役割をグループで考える。	●部品の特徴を考えるための課題を提示し，部品を観察し，実際の動作場面を想像させながら考えさせる。	・サイクロンパートのフィルタはモータ内にゴミが入るのを防ぐ，ボディパートのフィルタは外に出す空気の清浄をしている。 ・ゴミの量がわかるだけでなく，使用者の掃除の意欲を高める。 ・騒音などの環境に配慮した製品になっている。 ◎社会からの要求，安全性，環境負荷や経済性などに着目し，掃除機に組み込まれている技術の最適化について考えることができる。（思考力，判断力，表現力等，ワークシート）
	分解した部品を見て製品の仕様についてグループで考えよう ①サイクロン部分でゴミを取り除いたはずなのに2つのフィルタは必要なのか サイクロンパートのフィルタ 　ボディパートのフィルタ  ②クリアビンはなぜ透明なのだろう ③モータが収納されている白いカバーの役割は何だろう 提示する資料の例		
	○考えたことをグループごとに発表する。		
まとめ 15分	④製品の分解・組立てを通して，製品がどのような考えで設計されているのか考える ○分解した部品を組み立てる。 ○サイクロン掃除機の仕様を確認する。 ・様々な観点から製品を評価し，学習を振り返る。	●ワークシートに製品の設計についての意見を記述させる。 ●外観，費用，顧客，環境，安全性，大きさ，機能，材料の各観点を基に製品が開発されていることを確認する。	・展開2で考えた部品の役割を基に製品が様々な観点から設計されていることに気付かせたい。 ◎生活や社会で発見された課題が製品の開発によって様々な観点から解決されていることに気付く。 （学びに向かう力等，ワークシート）

サイクロン式掃除機（ダイソン製）の仕様

外観 Aesthetics	球体をイメージした形状で透明感のある見た目
費用 Cost	※実際の価格を提示する(Dyson Ball Fluffy+)
顧客 Customer	クリアビンによりゴミの量がわかりやすい 白いカバーを取り付けることで騒音を防ぐ
環境 Environment	ボディ一部にフィルタを取り付けることで，排気時に清浄な空気を出す
安全性 Safety	サイクロン部にフィルタを取り付けることで，モータ内にゴミが入り故障することを防ぐ
大きさ Size	コンパクトで持ちやすく，運びやすい
機能 Function	サイクロン技術によってゴミがたまっても吸引力は変わらない
材料 Materials	主にプラスチックを用いていて，軽い

提示する資料の例

学習評価の規準・基準

評価規準（観点）：社会からの要求，安全性，環境負荷や経済性などに着目し，掃除機に組み込まれている技術の最適化について考えることができる。　　　　　　（思考力，判断力，表現力等）

A評価	B評価	C評価
B基準を満たし，身の回りの掃除機が社会からの要求，環境負荷や安全性，経済性の観点から設計され，技術が最適化されていることを考えることができる。	身の回りの掃除機が複数の観点で設計され，技術が最適化されていることを考えることができる。	身の回りの掃除機の技術について考えることができていない。
・製品について，社会からの要求，安全性・環境負荷，経済性のすべての観点を踏まえて考えることができる。 （例：使用者がその製品を使いやすいようなものにするだけでなく，それに加えてコストや環境に負荷を与えないものになるように設計されている。）	・製品について，社会からの要求，安全性・環境負荷，経済性のうち2つの観点を踏まえて考えることができる。 （例：安全で環境に配慮され，使用者が使いやすい，また使いたいと思えるように工夫して設計されている。） 〈A評価にするための手立て〉 製品の設計要素を提示し，構造化して説明する。	・製品について，社会からの要求，安全性・環境負荷，経済性のいずれの観点からも考えることができない。 〈B評価にするための手立て〉 グループ内での他者の意見を参考にしたり発言したりしやすいような環境になるよう助言・指導を行う。製品の設計要素を提示して説明する。

授業の様子

それぞれの部品について，使用者や社会からの要求，事故や故障を防ぐための安全性，周辺の騒音や排気する空気などの環境負荷，そして経済性の観点から考えさせた。部品ごとに役割が異なるが，それが組み合わさって一つの製品を構成していることが学習のまとめになるように授業を展開した。

授業では，ダイソンエンジニアリングボックスで分解したそれぞれの部品に着目させ，それぞれの部品の役割を考えることで設計の観点を考えさせた。

39

> 授業例5

問題を適切に把握し，課題を解決する「運搬車模型の設計・試作」

Key Word	問題の発見と課題の設定（⇒p.7〜8），設計・試作
学習指導要領との対応	C「エネルギー変換の技術」(1)ア，(2)ア，(2)イ

　問題から課題を設定し，課題を解決するモータを用いた運搬車模型の設計・製作を行う学習を紹介する。授業計画の第1時と第2時は，機械的な部品を組み合わせることのできる教材「TECH未来」を用いて，力学的な機構について歯車の仕組みを中心に学習し，歯車の組み合わせにより，回転速度やトルクが変化することを理解する。第3時と第4時は，試作車の製作を通し，基本的な電気回路の仕組みや設計図のかき方を学習する。第5時と第6時は，問題を見いだし，課題を解決する設計・試作を行う。第7時は，運搬車模型の設計・試作の学習を振り返る。

題材・単元のおすすめポイント

　C(2)の学習では，「生活や社会の中から技術に関わる問題を見いだして，課題を設定し，解決する力」の育成が求められる。この題材では，標高が高い（ここでは1200m）山頂に荷物を運ぶ運搬車の製作を依頼されたと仮定し，生徒に課題（積載量，運搬時間，安全性，経済性，環境負荷）を設定させる。そして，歯車などの機械要素がパーツ化され，組立て・分解が容易にできる教材を用いて，回転速度やトルクの変化などの動力伝達の機構に関する学習を体験的に行う。その後，サンプルとなる試作車を設計・試作する学習を行うなかで，「思考力，判断力，表現力等」の資質・能力を養う。また，課題をグループで解決するため，アイデアを伝えあうことで，「対話的な学び」となる。動力伝達機構の知識・技能の学習と，問題解決のための製作品を設計・製作・評価する学習は同じ教材を用いて行うため，一貫性のある学習指導と生徒の設計・製作活動の促進が可能となる。

歯車の仕組みの学習

試作車の製作

運搬車模型の製作

題材・単元の目標

・力を伝達する仕組みの特徴や共通部品，機器の構造や電気回路，各部の働きについての知識を身に付けている。　　　　　　　　　　　　　　　　　　　　　　　　　　　（知識及び技能）

・製作品の組立て・調整や点検ができる。 （知識及び技能）

・使用目的や使用条件に即して製作品の機能と構造を工夫している。

（思考力，判断力，表現力等）

・課題を解決する最適な機能を備えた運搬車模型を設計しようとしている。

（学びに向かう力等）

指導と評価の計画

時間	授業の学習活動	評価規準（観点）
1	○歯車などの動力伝達の機構の特性を知る。 ○共通部品の特性を知る。 ○速度伝達比や，トルクについて理解を深め，活用方法を知る。	・歯車などの動力伝達の機構の仕組みや，ねじやばねの共通部品の知識を身に付けている。 （知識及び技能） ・回転速度やトルクなどの科学的な原理・法則について説明できる。 （知識及び技能）
2	○トルクを大きくする動力伝達の機構を考える。 ○歯車を組み合わせてトルクを大きくする機構を作る。	・歯車を組み合わせた従動車と原動車との関係を説明できる。 （知識及び技能）
3	○回路の基本構成について知る。 ○モータと歯車を組み合わせた試作車を作る。	・電気回路の配線，力学的な機構を作ることができる。 （知識及び技能）
4	○自分自身が意図した車の特徴を整理する。 ○試作車を設計図に表す。	・課題を解決する基本的な要素を踏まえた力学的な機構を製作図にしようとしている。 （学びに向かう力等） ・試作車の設計図をかくことができる。 （思考力，判断力，表現力等）
5 6	○問題を適切に把握し，課題となる条件を考え，課題を解決する機能を持つ運搬車模型を設計する。 ○課題に即して，課題を解決する機構を，グループでよりよいものに工夫する。 ○設計に基づいて，運搬車模型を組み立てる。	・問題を見いだし，課題を考え，解決する機能を実現する機構を選択しようとしている。 （学びに向かう力等） ・課題を解決する機構を改良している。 （思考力，判断力，表現力等） ・設計図に基づき，工具を使用して運搬車模型を組み立てることができる。（知識及び技能）
7	○運搬車模型の設計・試作の学習を振り返る。	・設計・試作過程の改善及び修正について考えることができる（思考力，判断力，表現力等） ・運搬車模型の，よりよい活用について考えようとしている。 （学びに向かう力等）

・準備物：「TECH未来」（2人で1セットが望ましいが，グループで1セットも考えられる），
課題となる坂道（コンパネを縦に切断したもの），滑り止めマット（坂に敷く），タブレット
やデジタルカメラなどカメラ機能のある機器（グループ1台）

・ICT機器の状況：製作した製品の写真を印刷するための環境を整えておくとよい。

新しい学習指導要領に対応するためのポイント

○「科学的な原理・法則」や「技術の仕組み」を指導するためのポイント

　組立て・分解の容易なパーツで構成される「TECH未来」を用いることにより，歯車を組み合わせることで回転の向きが変わることや，回転速度が変わるなどの動力伝達に関わる知識を体験的に学習することができる。また，摩擦車と比較することで，歯車が確実に動力を伝達することも気付かせることができる。これらは，力学的な機構の「科学的な原理・法則」を実験的・体験的に学習しているといえる。さらに，サンプル車を作ることによって，電気回路の要素や構成を関連させて学習を進めることができ，「技術の仕組み」を指導することにも適している。

○技術の「見方・考え方」により問題を見出して課題を設定し，解決策を構想させるための学習指導のポイント

　生徒には，小高い山頂に荷物を運ぶ運搬車の製作を依頼された場面を設定し，生徒に課題（積載量，運搬時間，安全性，経済性，環境負荷）として考えさせる。TECH未来1セットの中で，モータのトルクは，2倍や3倍，4倍，6倍，9倍……，最大では27倍まで大きくすることができる。トルクを大きくするだけを考えるなら27倍にすればよいのだが，歯車をどのように配置したらよいか解決できなかったり，坂を上る際，時間がかかりすぎてしまったりする。そのため，27倍にする必要がないことに気付かせたり，27倍にするためにはどのように部品を配置したらよいかを考えさせたりして，課題に対して最適化した解決策を導き出させたい。

○「主体的・対話的で深い学び」を実現するためのポイント

　「主体的，対話的で深い学び」のために，TECH未来は2人で1セット使用することが望ましいと考える。2人で1セット，4人グループで2セット用意し，グループで課題を解決させることで，グループの中で異なった意見が出やすいからである。グループの中で，異なった部品を本体に使ったり，異なった倍率のトルクを活用しようとしたりすることもできる。また，工夫して組立てているものを，全体に伝えることで自分と異なったアイデアを知ることが深い学びにつながると考える。

42　第2章 新学習指導要領に向けた授業例

学習指導案（指導計画の第5・6時）

授業の目標

問題を見いだし，課題を考え，解決する機能を実現する機構を選択しようとしている。

（学びに向かう力等）

課題を解決する機構を改良している。 （思考力，判断力，表現力等）

設計図に基づき，工具を使用して運搬車模型を組み立てることができる。 （知識及び技能）

準備物

「TECH未来」（2人で1セットが望ましい）

タブレットなど写真の撮れる機器（グループで1台あると望ましい）

ワークシート（人数分）

	□学習内容 ○学習活動	●教師の働きかけ	・指導上の留意点 ◎評価方法
導入 5分	①学習課題と評価規準の確認		
	○○から□□ホテルに向かう荷物運搬車を作りたいと思います。○○の標高は約130mで，□□の標高は約750mです。また，□□のスキー場山頂の標高は約1200mです。 （問題のモデル化） 　木製イスとコンパネを使って坂を用意します。2種類の坂を「□□ホテルまでの坂」と「スキー場の坂」と見立てて，その坂を上れる車を「TECH未来」1セットを使って作りましょう。電源は単3乾電池1個です。 A スノーモービルレベル B 観光バスレベル C 動かない 傾斜の強い坂 傾斜の弱い坂 問題のモデル化		
	②トルクを大きくする機構の確認 ○前時のワークシートを使い，トルクを大きくする機構を確認する。	●どのような坂を上ればよいか，実際に見せてイメージをもたせる。 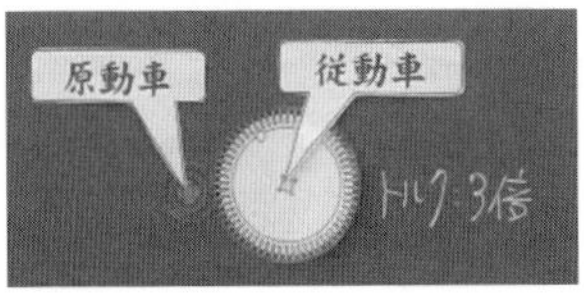 原動車　従動車 トルク3倍	
展開1 60分	③製作の方向性の決定 ○モータのトルクを何倍にするかと，車の本体に使う部品を決定し，ワークシートに記入する。	●トルクが2倍のサンプル車では，坂を上らないことを見せ，判断材料とさせる。	◎問題を見いだし，課題を考え，解決する機能を実現する機構を選択しようとしている。（学びに向かう力等，ワークシート）

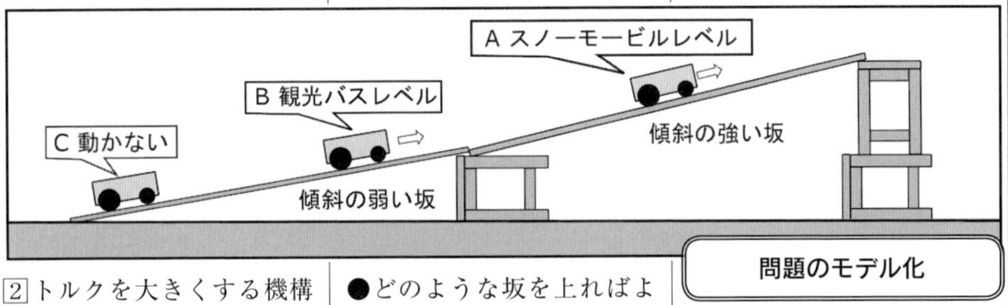

43

	① 本体にはどの部品を使おうと考えていますか。その理由も記入しましょう。 A ベース　　　　　B ロングフレーム　　部品 理由 ② モータのトルクを何倍にしようと考えていますか。そのために歯車をどのように組み合わせますか。 トルクの倍率　歯車の組合せ 27倍 **ワークシート例**	
	④坂を上る車の組立て ○グループで協力して，坂を上る自動車を組み立てる。	●組立ての際軸がずれていたり，摩擦が多く発生したりモータが回転しない場合は，解決策を助言する。	・グループで協力することを伝える。 ・途中，グループで検討する時間を取る。 ・終了時間を伝える。 ◎設計図に基づき，工具を使用して運搬車模型を組み立てている。（知識及び技能，成果物）
展開2 30分	⑤製作品の改善 ○教師や他の意見を取り入れて，製作品を改善する。 ⑥製作品の撮影 ○設計図に使用する写真を撮影する。	●うまく歯車を配置できている生徒の作品を見せることで参考にさせる。 ●どのような写真を使えば設計図に利用しやすいかを意識するよう助言する。	◎課題を解決する機構を改良している。（思考力，判断力，表現力等，ワークシート）
まとめ 5分	⑦まとめと振り返り ○本時の振り返り ○次時の確認	●モータのトルクを何倍にすると坂を上るか全体で確認をする。	

学習評価の規準・基準

評価規準（観点）：問題を見いだし，課題を考え，解決する機能を実現する機構を選択しようとしている。

(学びに向かう力等)

A評価	B評価	C評価
B基準を満たし，さらに工夫して機構を選択しようとしている。	坂を上る車の製作において，トルクを大きくする機構を選択しようとしている。	坂を上る車の製作において，トルクを大きくする機構を選択しようとしていない。
・トルクを大きくする機構を車に活用するために，工夫して歯車などを配置しようとしている。	・原動車と従動車を間違えずにトルクを大きくする機構を活用しようとしている。 〈A評価にするための手立て〉 どのように歯車を配置すると，トルクが大きくなるか助言する。	・原動車に小さな歯車，従動車に大きな歯車を使わず，トルクが大きくなっていない。 〈B評価にするための手立て〉 モータの軸につなげる歯車を小さくすることや，以前製作した車を参考に作ることを助言する。

評価規準（観点）：課題を解決する機構を改良している。　　　　　（思考力，判断力，表現力等）

A評価	B評価	C評価
B基準を満たし，さらに課題に沿った坂を上る機構になるよう，改良できている。	課題に即した運搬車模型のトルクを大きくする機構を活用し，坂を上る機構を選択できている。	課題に即した運搬車模型のトルクを大きくする機構を活用し，坂を上る機構を選択できていない。
・運搬車模型の条件をより詳細に考え，求める機能に合った機構を選択し，改良することができている。	・ワークシートの記述において，運搬車模型の条件と求める機能を考え，機構を選択できている。 〈A評価にするための手立て〉 どの歯車を組み合わせ，どのくらいのトルクが出ると，坂道を上るかを考えさせる。	・ワークシートの記述において，運搬車模型の条件と求める機能を考えているが，機構を選択できていない。 〈B評価にするための手立て〉 グループ内での他の人の意見を参考にしたり発言したりしやすいようなグループ活動が活発になるように助言・指導を行う。

授業の様子

○生徒のワークシートの記述例

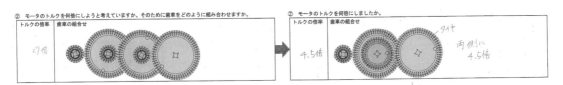

ワークシート例1

作品例

ワークシート例2

授業例6
設計・試作を通して製作するデザインライト

Key Word	問題の発見と課題の設定（⇒p.7～8），設計・試作
学習指導要領との対応	C「エネルギー変換の技術」(1)ア，(2)ア，(2)イ

　基本的な電気回路の改良を通して，課題を解決するデザインライトの設計・製作の学習を紹介する。授業計画の第1時～第5時は，山崎教育システムが開発したTEC DESIGNER Circuit toolを教材として用いて，抵抗，センサ，コンデンサ，トランジスタなどの電子部品の機能と，特徴的な作用をする電気回路の理解と改良のポイントを学習する。第8時は，電気回路の設計を完成させる時間に該当し，照明の問題をまとめた企画書に沿って，電子部品の特性を利用した回路のパターンを選択し，照明の明るさや点灯時間などを調整する学習を行う。

題材・単元のおすすめポイント
　Circuit toolにより電子部品などの学習が行われ，それに基づいて設計された電気回路はデザインライトにそのまま実装できる。デザインライトには，Circuit toolの基板の大きさや使用する電子部品の規格に準拠した電気回路を実装する仕組みになっているため，Circuit toolで検討・工夫された回路は，課題を解決する電気回路の試作（プロトタイプ）に該当する。このCircuit toolを用いることで，作品に実装する電気回路を改めて検討する必要がなく，「設計」から「製作」への指導を連続的に行うことができる。また，製作段階において，はんだづけに多くの時間数を割かないため，設計段階の授業時間を保障できる。

回路の学習と試作
(TEC DESIGNER Circuit tool)

回路の製作

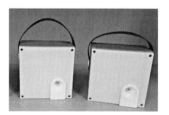
デザインライトの完成
(Circuit Design Light)

題材・単元の目標
・電気回路や電子部品及び必要な工具の使用方法についての知識を身に付けている。(知識及び技能)
・設計に基づき，安全を踏まえたデザインライトの組立て・調整や，電気回路の配線ができる。
　　　　　　　　　　　　　　　　　　　　　　　　　　　　　　　　　　　　(知識及び技能)
・デザインライトの使用目的や使用条件を明確にし，社会的，環境的及び経済的側面等から設計要素を比較・検討したうえで，製作品に適した電気回路を決定している。
　　　　　　　　　　　　　　　　　　　　　　　　　　　　　　　(思考力，判断力，表現力等)

・使用目的や使用条件に基づいて，生活の役に立つような機能のデザインライトを設計しよう
としている。　　　　　　　　　　　　　　　　　　　　　　　　　　（学びに向かう力等）

指導と評価の計画

時間	授業の学習活動	評価規準（観点）
1	○電気機器の構成と回路図を知る。 ○Circuit tool の使用方法を知る。 ○LED が点灯する回路を作成する。	・電気機器等における，エネルギーの変換，制御，利用の知識を身に付けている。 （知識及び技能）
2	○直列回路と並列回路の性質を知る。 ○可変抵抗，CdS，コンデンサを知る。	・電気機器の構造や電気回路，各部の働きについての知識を身に付けている。 （知識及び技能）
3	○トランジスタの性質を知る。 ○トランジスタを用いた回路を作成する。	
4 5	○調光などの機能を持つ回路を作成する。 ○様々な回路の機能や特徴を知る。	・電子部品の特性を踏まえ，電気回路の働きについて説明できる。　　　（知識及び技能）
6	○照明機器の役割を考える。 ○社会や家庭での照明に関わる問題を発見し，使用場面や条件を考える。	・照明に関わる問題を発見し，解決するための課題を考えようとしている。 （学びに向かう力等）
7	○使用目的・条件の調査書を発表する。 ○課題を解決するための企画書を作成し，デザインライトの回路を考える。	・課題を解決する機能を実現する電気回路を選択しようとしている。　（学びに向かう力等）
8	○使用目的・条件と回路を確認する。 ○デザインライトの機能に沿った回路の改良について考える。	・選択した電気回路を改良している。 （思考力，判断力，表現力等）
9	○配線する回路を選択・確認する。 ○導線となるパターンシールを切り取る。	・設計に基づき，安全を踏まえた，電気回路の配線ができる。　　　　（知識及び技能）
10 11	○配線した電気回路の動作を確認する。 ○正しい方法ではんだづけを行う。	・安全に配慮して，はんだづけができる。 （知識及び技能）
12	○配線した電気回路の動作を確認する。 ○デザインライトを組み立てる。	・設計図に基づき，工具を使用してデザインライトを組み立てることができる。 （知識及び技能）
13	○デザインライトの設計・製作の学習を振り返る。 ○振り返りの結果を伝え合い，学習した内容を生活に生かす事例と方法を知る。	・設計・製作過程の改善及び修正について考えることができる。 （思考力，判断力，表現力等） ・デザインライトを使用し，よりよい活用について考えようとしている。 （学びに向かう力等）

・準備物：TEC DESIGNER Circuit tool（生徒人数分が望ましい），透明フィルム（生徒人数分
×2枚）（これらは山崎教育システムから販売），単4電池（生徒人数分×3個），十字ねじ回し，
I形ねじ回し，油性マジックペン，はさみ，はんだごて，四つ目ぎり
・理科における電気や回路などに関係する指導内容を確認したうえで，配慮して計画する。

新しい学習指導要領に対応するためのポイント

○「科学的な原理・法則」や「技術の仕組み」を指導するためのポイント

　マーカーで回路を作成することができるTEC DESIGNER Circuit toolを用いることにより，電気回路や電子部品についての実践的・体験的な学習活動を充実させることができる。例えば，指導計画の第1時〜第3時では，抵抗値の違いや回路の構成（直列or並列）によりLEDの明るさが異なること，CdSやトランジスタがスイッチの役割を果たすこと，コンデンサにより一定時間の点灯後に消灯する電気回路を実装できることなどを実際の電気回路で実験して確認する学習を行う。しかし，これらの電子部品の学習は，教員による説明や実験の演示のみでは表面的な学習に終始してしまい，生徒の知識の確実な定着には結びつかない恐れがある。そこで，実践的・体験的な学習を行うことができるTEC DESIGNER Circuit tool等により，抵抗，コンデンサ，トランジスタなどの電子部品の特性や役割などの「科学的な原理・法則」を実験的・体験的に学習することができる。さらに，実際の電気回路を製作して実験を行うため，「技術の仕組み」である電気回路の構成や働きについても，関連させて学習を進めることができる。

○技術の「見方・考え方」により，問題を見出して課題を設定し，解決策を構想させるための学習指導のポイント

　生徒には「生活の課題を解決するために役立つデザインライトの設計・製作」を課題として与える。ただし，家庭における照明などについて問題意識を持っている生徒は少ないと考えられるため，課題の設定についての問題意識を喚起することが必要となる。そのため，第6時では，第4時，第5時で学習した電気回路の働きを活かせる社会や生活の場面を「技術の見方・考え方」を活かして見付け，使用目的や使用条件を検討する学習を行う。例えば，家の間取り図などを資料として提示し，照明が必要な場所がないかをグループなどで検討させる。この学習を踏まえて第7時では，生徒一人一人の生活における問題の発見を経て，解決できるような回路を設計（選択・改良）する学習を行う。具体的には，宿題などの調査活動を通して社会や生活の照明に関わる問題を俯瞰し，それぞれの課題を解決するために役立つデザインライトの企画書を作成するようにする。

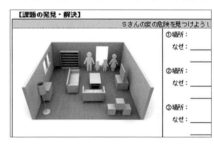

ワークシート：照明を活かす生活の場面を見つける

○「主体的・対話的で深い学び」を実現するためのポイント

　照明に関する問題の発見と課題の設定の学習過程を経ることで，照明の明るさ，間隔，タイミングなどについての企画を立案することができる。このような企画を実現する回路を設計する際に，コンデンサ，センサ，トランジスタなどの電子部品に関する特性の理解は必要不可欠である。TEC DESIGNER Circuit toolで学習した知識は，各種電子部品により構成された回路の働きを理解することにつながり，課題を解決できる回路を選択・改良する能力として活用される深い学びへと発展することが期待できる。また，課題を解決する機能を改善するため，選択した回路を改良することで，電子部品の特性についての理解を深めることもできる。

学習指導案（指導計画の第8時）

授業の目標

使用目的や使用条件に即して，課題を解決する機能をよりよいものに工夫する。

(思考力，判断力，表現力等)

準備物

TEC DESIGNER Circuit tool（人数分が望ましい），AgIC Circuit Eraser（数個），ワークシート（人数分）

	□学習内容 ○学習活動	●教師の働きかけ	・指導上の留意点 ◎評価方法
導入 5分	①前時の復習をする ○前時に作成したワークシートの内容を確認する。	●各家庭での調査・探索活動に基づいたデザインライトの企画書を確認させる。	・前時のワークシート
	②本時の学習内容を知る ○企画書で示した機能を実現する電気回路を選択し，改良する。	●使用目的，使用条件や必要とされるデザインライトの機能について考えさせる。	
展開1 20分	③改良の視点を知る ○デザインライトの機能を実現する電気回路の働きについて考える。	●各電気回路の働きについて示す。 ●デザインライトのCdSの感度や，LEDの明るさ，調光の明るさ，点灯時間などの視点を示す。	・企画書に沿って改良した例を示す。

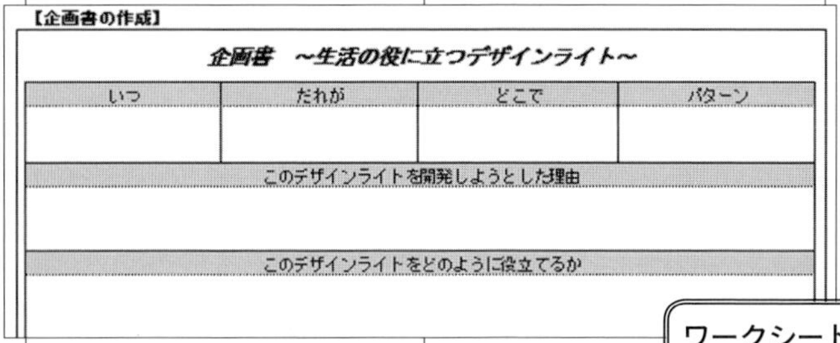

【企画書の作成】

企画書　～生活の役に立つデザインライト～

いつ	だれが	どこで	パターン

このデザインライトを開発しようとした理由

このデザインライトをどのように役立てるか

ワークシート：企画書の例

パターン
1

□

P.6へ
GO!

ライトの機能	暗い時に動作するライト
スイッチ1をON	スポットLEDが点灯
スイッチ2をON	ワイドLEDが点灯
スイッチ1・2をON	暗くなると両方のLEDが点灯

回路パターンの例：（山崎教育システムワークシートより）

49

	4 電気回路の改良方法を知る ○デザインライトの機能を実現するために，電気回路のどの部分を変更することが必要であるかを考える。	●抵抗やコンデンサを変更することでCdSの感度や，LEDの明るさや点灯時間などを変更できることを示す。	・TEC DESIGNER Circuit tool を使用して，各部品の特性や各電気回路の働きを思い出させる。
展開2 20分	5 回路パターンの改良について考える ○使用する電子部品と配線を考え，改良した回路図をワークシートに記入する。	●ワークシートに配線と使用する電子部品をまとめさせ，グループ内で確認させる。	・電子部品の選択については，設計時点での使用目的や使用条件に機能を従順させる。 ◎選択した電気回路を改良している。（思考力，判断力，表現力等，ワークシート）

ワークシート：回路パターンの改良

まとめ 5分	6 まとめと振り返り ○本時を振り返る。 ○次時を確認する。	●今まで学習した電子部品の特性を考え，回路パターンを改良したことを確認する。	

○学習指導の工夫点

　この授業では，様々な働きを持つ電気回路のパターンを学習した後，生徒が自分の課題とした使用目的や使用条件と一致させ，合理的に選択・改良することを電気回路の設計と捉えている。選択された回路パターンに基づいて，より使用目的や使用条件に適合するように，LEDの明るさや時間，CdSの感度，コンデンサによる点灯時間の調節などを考える学習を行う。この学習を通して，回路パターンを変更・調整する改良の設計を行うよう支援する。学習評価においては，ワークシートに示された企画の意図（使用条件や使用目的）と，照明回路の選択・改良のマッチングが評価のポイントになる。

学習評価の規準・基準

評価規準（観点）：選択した電気回路を改良している。（思考力，判断力，表現力等）

A評価	B評価	C評価
B基準を満たし，さらに使用目的や使用条件に沿った電気回路になるよう，改良できている。	使用目的や使用条件に即したデザインライトの照明やスイッチの電気回路を選択できている。	使用目的や使用条件に即したデザインライトの照明やスイッチの電気回路を選択できていない。
・デザインライトの使用目的や使用条件をより詳細に考え，求める機能に合った電気回路を選択し，改良することができている。 （例：鍵を探したりする際に時間がかかることがあるので，鍵穴を照らす時間は長いほうがよいと思う。そのため，コンデンサの容量を多くし，点灯する時間が長くなるように改良した。）	・ワークシートの記述において，デザインライトの使用目的や使用条件と求める機能を考え，電気回路を選択できている。 （例：玄関の鍵をかけるときに，鍵穴を照らす照明が欲しいので，暗くなるとLEDが点灯する回路パターンにした。） ＜A評価にするための手立て＞ どの程度の明るさで，どのくらい持続したらよいのか考えさせる。	・ワークシートの記述において，デザインライトの使用目的や使用条件と求める機能を考えているが，電気回路を選択できていない。 ＜B評価にするための手立て＞ グループ内での他の人の意見を参考にしたり発言したりしやすいようなグループ活動の活発な環境になるような助言・指導を行う。電気回路の働きについて復習させる。

授業の様子

▼ 電子部品の学習とワークシート（第1時）▼

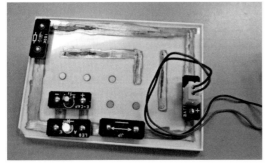

LEDが点灯する回路で，抵抗の値を変化させ，明るさの違いをワークシートにまとめている。電子部品の機能や特徴を理解するとともに，電気回路を構想・改善することへの学習意欲にも結び付く。

▼ 電気回路のパターン学習（第4・5時）

パターンとなる電気回路を示し，その機能を確認する。この回路を使用目的・条件に沿って選択し，電気回路に使われる電子部品の性質に関する理解を活用することでよりよい回路に改良する。

授業例7

問題の発見や課題の設定に着目した「テープLEDを利用した製品の設計・製作」

Key Word	対話的な学び（⇒p.12〜13），問題の発見と課題の設定（⇒p.7〜8）
学習指導要領との対応	C「エネルギー変換の技術」(2)ア，(2)イ

　調査に基づき発見された問題から課題を設定し，課題を解決するテープLEDを用いた照明の設計・製作を行う学習を紹介する。授業計画の第1時と第2時（宿題を含む）は，生徒が製作した作品の使用者への調査結果を基に，問題の発見・課題の設定・解決策の検討を行う。第3時〜第5時は，設計や試行・試作を行う。第6時〜第9時は製作を行う。第10時には，解決結果や解決過程を評価・改善する学習を行う。指導案を提示する第2時は，製作品を使用する家族を対象にした照明に関わる問題を発見するための聞き取り調査を基に，それぞれの生徒が設定した課題の解決策や構想案について，協同的な学習を通してブラッシュアップさせる学習場面を含んでいる。

題材・単元のおすすめポイント

　新学習指導要領が育成を目指す資質・能力の三つの柱や質の高い深い学びを実現するためには「生活や社会の中から技術に関わる問題を見いだして，課題を設定する学習活動」が求められるが，生徒にとっては，難易度が高いと考えられる。解決したい問題が発見できずに学習を進めることは，学習に遅れが生じたり，学習意欲を失ったり，製作品に愛着がもてないことにもつながる。そこで，この題材では，学習者が問題を見いだして，課題を設定する学習場面での支援の方法に着目した授業を紹介する。

アロマ用インテリアライト

　姉への調査から，姉のアロマ瓶を美しくライトアップするライトを製作しました。トランジスタとコンデンサの部品を使って，ゆっくり点灯し，ゆっくり消灯する回路を選択しました。

スロープ用センサライト

　病院に勤めている母への調査から，自動で点灯する玄関用の照明はよくあるが，スロープを自動で照らす照明がないことに気付き，問題であると考えました。そこで，課題をセンサのあるスロープ用の照明の開発と設置にしました。屋外で使用するため，防水加工もしました。

題材・単元の目標

・電子部品の性質を踏まえ，回路パターンの機能を説明できる。　　　　　　　　（知識及び技能）
・工具や機器を使用して，安全・適切に電気回路を作り，設計通りに作動するかを点検及び調

整ができる。 (知識及び技能)

・問題の解決策について条件を踏まえて構想し，設計の修正及び改善を繰り返しながら，最適な解を導くことができる。 (思考力，判断力，表現力等)

・問題の発見から設定した課題に対して，使用者にとって最適な光環境を設計しようとしている。 (学びに向かう力等)

指導と評価の計画

時間	授業の学習活動	評価規準（観点）
1	○家庭で使用されている照明機器を振り返ることで，照明の設計に込められた意図を知る。 ○安全性・出力（光の強さ）・環境への負荷や省エネルギー，経済性などの視点から，家族への質問紙を作成させる。 ○宿題として，家庭での調査結果から問題の発見と課題の設定，解決策の構想を行う。	・調査の結果から課題を設定することができる。 (学びに向かう力等) ・課題の解決策を，条件を踏まえて構想することができる。 (思考力，判断力，表現力等)
2	○解決策の構想案を発表する。 ○他者の構想案が最適な方法であるかを検討し，改善策を提案する。 ○改善案をトレード・オフしながら，構想の再検討，修正をする。	・構想を再検討，修正することができる。 (思考力，判断力，表現力等)
3	○解決策に対して最適な電気回路を選択する。 ○解決策に対して最適な形態を設計する。 ○材料や加工方法を選択する。	・電子部品の性質を踏まえ，回路パターンの働きを説明できる。 (知識及び技能) ・要求や使用条件に基づいて，機能を実現する回路パターンや製作品の形態を選択しようとしている。 (思考力，判断力，表現力等)
4 5	○製作品の試行・試作を行う。 ○試作品が，課題を解決する製品モデルとなっているかを検討する。	・設計に基づき，安全を踏まえた，電気回路の配線ができる。 (知識及び技能) ・試行・試作等を通じて，解決策を具現化することができる。 (思考力，判断力，表現力等)
6～ 9	○安全に配慮して製作品の製作を行う。 ○製作品の点検及び調整をする。 ○宿題として，家庭で一定期間使用し，家族からの感想や新たな要望を調査する。	・安全に配慮して，工具や機器を使用できる。 (知識及び技能) ・設計通りに，作動するか点検及び調整ができる。 (知識及び技能)
10	○家族からの感想や新たな要望を基に，設計・製作の過程を振り返る。 ○振り返りの結果を伝え合い，学習した内容を生活に生かす事例と方法を知る。	・設計・製作過程の改善及び修正について考えることができる。 (思考力，判断力，表現力等)

新しい学習指導要領に対応するためのポイント

○技術の「見方・考え方」により，問題を見出して課題を設定し，解決策を構想させるための学習指導のポイント

新学習指導要領では，「生活や社会の中から技術に関わる問題を見いだして，課題を設定しそれを解決する」学習活動が求められているが，この学習活動を達成するためには，教師の適切な支援が欠かせない。支援の方法としては，「生徒自身に，身の回りの生活を振り返らせ，改善したい問題を見いだし，課題を設定する方法」，「生徒自身が，生活や社会の中で興味をもっていることを深く掘り下げていく中で問題を見いだし，課題を設定する方法」，「他者への調査を行い，調査結果から問題を見いだし，課題を設定する方法」などが考えられる。

この題材では，「他者への調査を行い，調査結果から問題を見いだし，課題を設定する方法」を選択している。具体的には，共通のテーマを『家庭の光環境をよりよくする』とした。調査対象は『家族』，調査内容は『安全性・出力（光の強さ）・環境への負荷や省エネルギー，経済性』として調査内容を作成させた。問題を見いだし，課題を設定させる方法として『調査の結果から家族の要望（こうだったらいいなという願い）を問題と捉えさせ，課題を設定させる。』ことにした。

○知的財産を創造，保護，活用しようとする態度，技術に関わる倫理観，他者と協働する態度，安全などに配慮する態度，などを育成する学習指導のポイント

この題材の指導計画では，生徒が安全に配慮しながら学習を進めるためのポイントが２つ考えられる。１つ目は，『使用者の安全に配慮する』ための製作者の視点を養うことである。生徒には，製作品の使用条件や使用目的に応じて，簡易的な防滴加工や，ホコリがつきにくい形態に設計するなどの配慮をするように促す。また設計・製作した電気回路について回路計を用いて点検させることも，製作者の視点を養うことにつながる。

２つ目は，『安全で適切な製作の作業に留意させる』ことである。そのためには，作業中に発生するリスクに対して「リスクを発見する」「リスクを評価する」「リスクを管理する」などの態度を育成することが必要である。これらの態度を育成するためには，作業中に生徒がヒヤリとした体験を基に，そのリスクの大きさを評価させ，改善策を検討させる学習活動を授業のまとめと合わせて実施する。本題材では第４時～第９時で数回実施する。

○「主体的・対話的で深い学び」を実現するためのポイント

この題材では，問題の発見と課題の設定に関して，家庭等への調査活動を取り入れる。また，設定された課題を検討するために，他者の解決策に対して，創造的な批評をする学習活動を取り入れる。これらは，他者の視点や意見を取り入れて自分の考えを明確にしようとする「対話的な学び」に関係する。

この調査活動を通して設定された課題により，責任ある製作者の立場として，使用者に配慮した設計・製作について配慮する必要性が生じる。そのため，設計・製作にあたっては，電気回路に関する知識や安全性，環境負荷や経済性等の視点を活用しなければならない。従って，使用する「他者の視点」や責任ある「製作者の視点」を伴い，技術の「見方・考え方」を働かせながら，知識及び技能が習得・活用される「深い学び」が期待できる。

学習指導案　（指導計画の第2時）

授業の目標

他者の意見を踏まえて，自分の構想を再検討，修正することができる。

（思考力，判断力，表現力等）

準備物

ワークシート①（前時の学習と宿題として使用したもの）
ワークシート②③（トレード・オフで使用するもの）

	□学習内容 ○学習活動	●教師の働きかけ	・指導上の留意点 ◎評価方法
導入 5分	①前時の復習 ○前時のワークシートの内容を確認する。 ②本時の学習内容を知る ○自分で考えた解決策を発表し，他者から意見をもらうことで，よりよい解決策に改善していくことを把握する。	●学習課題と学習の流れを提示する。	・各家庭での調査結果を確認させる。 ワークシート例
展開1 20分	③調査結果と設定した課題，解決策の構想案を発表する ○グループごとに，宿題の記述を基に，調査結果，課題，構想案を発表する。 ④他者の構想案が最適な方法であるかを検討し，改善策を提案する ○他者の構想案に対して，よりよい構想となるように，根拠のある創造的な批判的意見を付箋に書く。	●4人1組のグループに分け，発表の順番を決めさせる。 ●発表の時間（2分）や改善策の記入時間（3分）をそろえることで，質問がなかなか思いつかない生徒に対して支援できるようにする。	・ワークシートの構成を，発表する順番とそろえておくことでスムーズに発表できるようにしておく。 ・改善策は，根拠を持って提案させることで，具体的な意見を引き出したい。

		※グループ数だけ③と④を繰り返す。		
展開2 20分	⑤他者からの改善案をトレード・オフしながら，構想案の再検討，修正をする ○他者の意見を①「よりよい光環境になると考えられる検討すべき意見」と②「既に検討済みであり，検討しない意見」に分ける。 ○①の意見を参考に，構想案について再検討し，修正する。	●トレード・オフについて確認し，最適解を導くように伝える。	◎他者の意見を踏まえて，自分の構想を再検討，修正することができる。(思考力，判断力，表現力等，ワークシート)
まとめ 5分	⑥まとめと振り返り ○本時を振り返る。 ○次時を確認する。	●電気回路の選択や形態の設計をすることを伝える。	

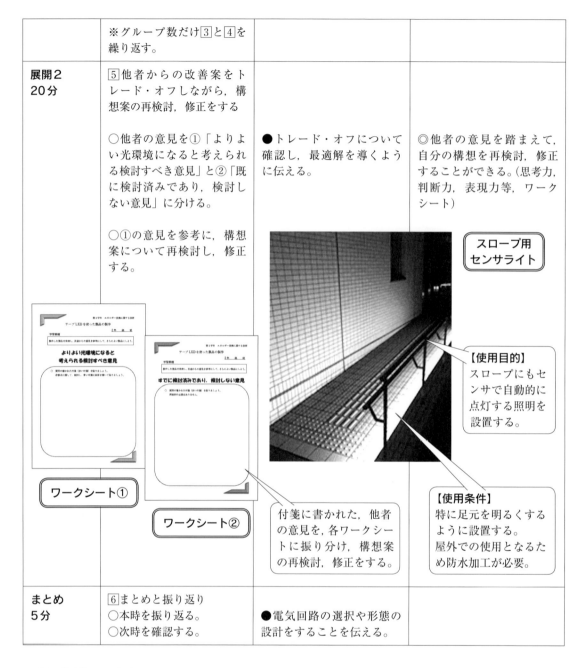

○学習指導の工夫点

　この授業では，生徒が調査して導いた課題の解決策を再検討させることを目的としている。再検討させるために，自分の意見を発表し，他者から創造的な批判的意見をもらい，その意見を基に再検討する展開を用いるようにした。再検討の際には，まず，友人からの意見を①「よりよい光環境になると考えられる検討すべき意見」と②「既に検討済みであり，検討しない意見」に分けさせ，①の意見について検討させる。このような学習の流れを展開することで，再検討すべき内容を焦点化し，再検討をしやすくできる。

学習評価の規準・基準

評価規準（観点）：他者の意見を踏まえて，自分の構想を再検討，修正することができる。

（思考力，判断力，表現力等）

A評価	B評価	C評価
「①検討すべき意見」を基に，構想案をよりよくするための方法について，科学的な原理・法則や技術の仕組みを示しながら検討することができる。	他者からの意見を「①検討すべき意見」と「②検討しない意見」に分け，「①検討すべき意見」から，構想案をよりよくするための方法を考えることができる。	他者からの意見を「①検討すべき意見」と「②検討しない意見」に分けることができない。
・ワークシートの記述において，構想案を再検討した記述があり，科学的な原理・法則や技術の仕組みを示しながら改善案が記述できている。 （例：A君の意見を参考にして，車いすの人がスロープを登る時間を計算し，コンデンサを使った回路で，その時間点灯するようにすれば，省エネルギーになる。）	・ワークシートの記述において，「①検討すべき意見」と「②検討しない意見」に分けることができており，構想案を再検討した記述がある。 （例：A君の意見が，課題を解決する方法としてよいと思ったので，A君の意見を取り入れたい。） ＜A評価にするための手立て＞ 具体的な改善方法を科学的な原理・法則を示しながら記述させる。	・ワークシートの記述において，友人の意見を分けることができていない。 ＜B評価にするための手立て＞ 学習活動（友人の意見を「①検討すべき意見」と「②検討しない意見」に分ける）を再度伝え，自分の意見を再検討させる。

授業の様子

▼ 基本・発展・課題解決のための回路

【基①：LED点灯】

【基②：ゆっくり点灯】

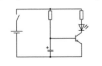

【発①：発信回路】

【課①：ゆっくり点灯・消灯】

【基③：ゆっくり消灯】

【課②：センサで点灯】

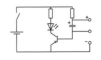

▼ 課題解決のための電気回路の製作例

【電気回路の製作例①】

ブレッドボードでの
電気回路の試作

ブレッドボード用の
ユニバーサル基板へ
のはんだづけ

【電気回路の製作例②】

ブレッドボードでの
電気回路の試作

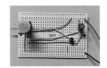

ブレッドボード用の
ユニバーサル基板へ
のはんだづけ

授業例8

技術イノベーション・ガバナンス能力育成に向けた「IoTを活用した製品モデルの設計・製作」

Key Word	対話的で深い学び（⇒p.12～13），技術ガバナンス・イノベーション力
学習指導要領との対応	C「エネルギー変換の技術」（3）ア，（3）イ

　これからの社会の中で広く活用されることが期待される新たな技術に着目させ，よりよい生活や持続可能な社会の構築に向けて技術を評価し，改良，応用について考える授業を紹介する。第1時と第2時は，新たな技術としてIoT技術を提示してその理解を深めさせるとともに，評価する学習を行う。第3時と第4時は，IoTを活用した製品モデルの設計を行い，第5時と第6時で製作する。第7時はIoTの技術や製品が，よりよい生活や持続可能な社会の構築に与える影響について考えさせる学習を行う。指導案を提示する第5・6時は，2つの学習場面を設定している。ひとつは，IoT製品のモデルを製作し発表する学習である。もうひとつは，他者の発表から，他者の製品モデルを評価し，その改良・応用について考える学習である。

● 題材・単元のおすすめポイント

　新しいエネルギー変換の技術や情報の技術を利用して作り出された製品は，時として社会や生活を大きく変革させるイノベーションにつながる製品へと発展する。例えばスマートフォンはそのひとつである。生徒には，そのように生み出されたイノベーションにつながる技術や製品の評価，選択，管理運用ができる技術ガバナンス能力の育成が求められている。この題材では，近い未来の生活の中でイノベーション（新結合）を繰り返し，様々な社会的な制約下で改良され浸透していくであろうIoT技術を生徒に提示する。新しい技術の利用方法を考案し（技術イノベーション能力），IoT技術やIoT製品を取捨選択し，管理運用の意思決定を行う（技術ガバナンス能力）学習活動を展開する。

森林の保全・管理を
するロボット

ファッションコーディ
ネートシステム

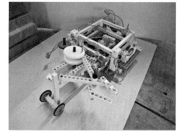

落とし物を回収・情報配信
するロボット

● 題材・単元の目標

・新しい技術について調べ，情報を精査し説明することができる。　　　　　　（知識及び技能）

・生活や社会等に与える技術の影響を踏まえて，技術の在り方を説明することができる。

（知識及び技能）

・よりよい生活や持続可能な社会の構築に向けた，新たな技術の利用の構想，検討，修正について考えることができる。　　　　　　　　　　　　　　　　（思考力，判断力，表現力等）
・よりよい生活や持続可能な社会の構築に与える影響を示しながら，適切かつ誠実に技術を工夫し創造しようとしている。　　　　　　　　　　　　　　　　　　　（学びに向かう力等）

指導と評価の計画

時間	授業の学習活動	評価規準（観点）
1	○企業のテレビCMを見て，IoTと生活との関連を知る。 ○IoTの意味とIoT製品を調べる。 ○宿題として，生活や社会の中で改善したい問題から課題を設定し，解決策の構想を行う。	・IoT技術やIoT製品について調べ，情報を精査し説明することができる。 （知識及び技能）
2	○C(1)(2)の学習における技術の「見方・考え方」の気付きや，問題解決の学習を振り返る。 ○新しい製品（スマートフォンなど）の開発が社会や生活に与えた影響について評価する。 ○IoTが社会に与える影響について考える。	・生活や社会等に与えるIoT製品の影響を踏まえて，技術の在り方を説明することができる。 （知識及び技能）
3	○宿題で構想したIoT製品を振り返る。 ○小集団で各自の意見を提示する。 ○小集団でIoT製品を構想する。 ○小集団の構想を発表するための準備をする。	・よりよい生活や持続可能な社会の構築に向けたIoT技術の積極的な利用を考えることができる。　　　　　（思考力，判断力，表現力等） ・IoT技術が，よりよい生活や持続可能な社会の構築に与える影響を示しながら，適切かつ誠実に技術を工夫し創造しようとしている。 （学びに向かう力等）
4	○創造的な批判的意見のもち方について知る。 ○小集団の意見を発表する。発表に対し創造的な批判的意見を出す。 ○意見を基に製品の再検討をする。	・他者の意見を踏まえてIoT製品の構想を再検討，修正することができる。 （思考力，判断力，表現力等）
5 6	○IoT製品の製品モデルを製作する。 ○製作した製品モデルを発表する。 ○他者の製品モデルを評価し，その応用・改良について考える。	・他者の製品モデルから，IoT製品の在り方や活用の仕方について課題を見つけることができる。　　　　（思考力，判断力，表現力等）
7	○報告書を記入する。 ○IoTが，よりよい生活や持続可能な社会の構築に与える影響について，自分なりの意見を記入する。	・題材での学習活動を振り返り，IoT製品の利用価値やIoT技術の管理運用の方法について評価し，IoT技術やIoT製品の利用方法について提案することができる。 （知識及び技能）（学びに向かう力等）

新しい学習指導要領に対応するためのポイント

○技術が生活の向上や産業の継承と発展，資源やエネルギーの有効利用，自然環境の保全等に貢献していることなどについて指導するためのポイント

　C(3)イに関して，例えば，身体的な労働や作業の軽減・省エネルギーに貢献・環境性能向上などを網羅した指導をするためには，多種多様なエネルギー変換の機器について取り上げる必要がある。そのため，第6時の指導では，生徒が設計・製作した多種多様なIoTの製品モデルを活用して，IoT技術の在り方や活用の仕方について考えさせる。それらを通して，様々な製品モデルを踏まえて，エネルギー変換の技術が，生活の向上や産業の創造，継承と発展，資源やエネルギーの有効利用，自然環境の保全に貢献していることを主体的に意識させることができる。

○技術の「見方・考え方」を確かな概念にするためのポイント

　新学習指導要領では，C(1)の学習により，技術の「見方・考え方」に気付き，C(2)の課題解決を目指した実践的・体験的な学習を通して，「見方・考え方」を働かせて深い学びを行い，C(3)の学習において，確立・概念化する学習を目指している。この題材で用いる教具は，C(1)(2)を通して使用することができるため，系統性のある学習を計画し実施するとともに，題材の振り返りを行うことで，「見方・考え方」を確立・概念化することが容易である。

　第7時では「題材での学習活動を振り返り，IoT製品の利用価値やIoT技術の管理運用の方法について評価し，IoT技術やIoT製品の利用方法について提案することができる」を評価規準としている。「製作したIoT製品についての報告書」を書かせることにより，製品モデルに用いられている「科学的な原理・法則」や「技術の仕組み」を明確に認識させることができる。

　そして，「よりよい生活や持続可能な社会の構築に与える影響」について考えさせることにより，「技術の利用に関する検討事項」を深く検討することができる。また，利用者と開発者の両方の立場から技術の将来展望についての提言をまとめさせることで，共通性・一般性のある技術の概念を深めることができる。

○「主体的・対話的で深い学び」を実現するためのポイント

　技術分野における「主体的，対話的な学び」は，第3時から第7時の，IoT技術を活用した製品の設計・製作をさせる場面において，「現在や将来を見据えて，生活や社会の中から問題の発見し，見通しをもって解決に取り組む」ことで実現できる。さらに，製作品を発表し，他者の創造的な批判的意見を基に再検討させる場面において，「実践の結果を評価・改善する」ことでも実現できる。

　この題材では，先進的な技術を題材とすることで，新しい技術を導入（選択）させ，見たことも，使ったこともない製品を構想（新結合）させ，技術イノベーション能力と技術ガバナンス能力を育むことや，製品の使い方（管理運用）を提案することができる。また，自分たちの構想したIoT製品に対して，他者から感想や意見もらうことで自分たちの製品を考え（評価）なおす学習活動を含んでいる。これらの学習活動により，協働的によい製品，さらによい技術を考える（設計）などの「対話的で深い学び」を実現することができる。

学習指導案（指導計画の第5・6時）

授業の目標
他者の製品モデルから，IoT製品の在り方や活用の仕方について課題を見付けることができる。
　　　　　　　　　　　　　　　　　　　　　　　　　　　　（思考力，判断力，表現力等）

準備物
ワークシート（評価用紙），TECH未来，MaBeee，電池，はさみ，カッターナイフ，カッティングマット，油性ペン，工作用紙，糸

	□学習内容 ○学習活動	●教師の働きかけ	・指導上の留意点 ◎評価方法
導入 5分	1 前時の復習 ○製作品の設計図を見て，製作の見通しをもつ。 2 本時の学習内容を知る ○IoT製品のモデルを製作し発表する。他者の製品モデルを評価し，その応用・改良について考える。	●製作の手順や，役割分担を確認するように伝える。 ●学習課題と学習の流れを提示する。	ワークシート例
展開1 60分	3 設計を基に製作する ○IoT製品のモデルを製作する。 【製作の様子】 教具を使い，構想した製品のモデルを製作していく。 【製作の様子】 プロトタイプであっても機構や電気回路はしっかり作らせる。	●作業が止まっているグループがあった場合には，設計図を基に一緒に検討する。	・作業を分担させることで，効率のよい作業をさせる。 ・作業の中で改良点が出てきた場合には，グループ内で共通理解を図るようにさせる。

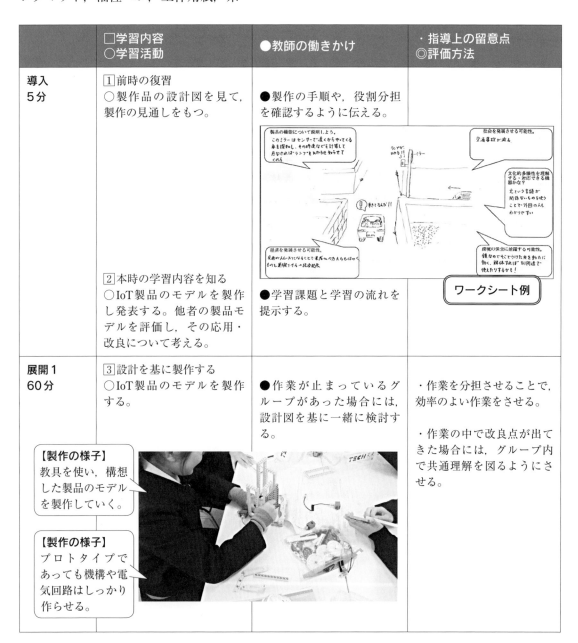

展開2 30分	④製作した製品モデルを発表する ○製作品を発表する。 ⑤他者の製品モデルを評価し，その応用・改良について考える ○他者の発表に対し「社会的発展」「経済的発展」「環境の保全」「文化的多様性を理解する・対応できる機能」を視点に創造的な批判的意見を出す。 ※グループ数だけ④と⑤を繰り返す。	●製作終了10分前に，グループ内で分担し，発表の準備もしておくように伝える。 ●発表の時間（２分）や改善策の記入時間（３分）をそろえることで，質問がなかなか思いつかない生徒に対して支援できるようにする。 【発表】 タブレットと通信させながら，機器の動きを説明している場面。 【再検討】 付箋に書かれた意見を，トレード・オフしながら，実践の結果を評価・改善している場面。	◎他者の製品モデルから，IoT製品の在り方や活用の仕方について課題を見つけることができる。（思考力，判断力，表現力等，ワークシート）
まとめ 5分	⑥まとめと振り返り ○本時を振り返る。 ○次時を確認する。	●次回は，報告書の作成と，これまでの学習のまとめをすることを伝える。	

○学習指導の工夫点

　この授業では，製作・発表・評価・応用・改善に関する学習活動を２時間で行う。

　製作については，設計したIoT製品のプロトタイプ（モデル）を製作させた。完成度を製品モデルとして低く設定することで，製作時間を短縮することができる。

　発表については，第４時で行った設計段階での構想の発表に引き続き，製作された製品モデルを発表するよう対象を変えている。このことにより，他者の意見を取り入れるとともに，自分の構想を深めることができる。そのため，IoT技術の多種多様な活用の仕方について深く考え，新たな意見を創出させることにつながると考える。

　評価では，持続可能な社会の構築に関わる視点を育成する目的から，「社会的発展」「経済的発展」「環境の保全」「文化的多様性を理解する・対応できる機能」の４つの視点で他者の製品モデルを評価する。ここでは，創造的な批判的思考で，根拠のある意見が出せるように支援する。応用・改善については，他者から出された意見について検討し，製品モデルの修正・改善に取り入れることの意思決定を行う。ここでも，課題を指摘する意見を取り入れる，もしくは取り入れない判断の根拠を明確に説明できるよう，教具などを用いて支援する。

学習評価の規準・基準

評価規準（観点）：他者の製品モデルから，IoT製品の在り方や活用の仕方について課題を見付けることができる。
　　　　　　　　　　　　　　　　　　　　　　　　　　　（思考力，判断力，表現力等）

A評価	B評価	C評価
他者の発表に対し，4つの視点のうち，2つ以上の視点で，課題を提案することができる。	他者の発表に対し，4つの視点「社会的発展」「経済的発展」「環境の保全」「文化的多様性を理解する・対応できる機能」の中から，1つ課題を提案することができる。	他者の発表に対し，課題を提案することができない。
・ワークシートの記述において，他者の発表に対し4つの視点のうち，2つ以上の視点で課題を提案する記述がある。 （例：空港のゴミを回収するマシンに対して→ゴミとなりそうな物にチップを付けるということだが，チップは値段が高そうです。安全性を考えたとき，人が多いところでも使えますか？）	・ワークシートの記述において，他者の発表に対し4つの視点のうち，1つの視点で課題を提案する記述がある。 （例：森林を保全・管理するマシンに対して→雑草を刈って，植林するということだが，木を植えすぎると，木が細く成長してしまう。） 〈A評価にするための手立て〉 4つの視点のうち，残りの3つの視点に着目させて，課題を提案するように促す。	・ワークシートの記述において，他者の発表に対し，課題を提案する記述がない。 〈B評価にするための手立て〉 4つの視点の具体的な例を知らせるために，第2時や第3時の学習活動を振り返らせ，評価するための視点をもたせる。

授業の様子

【第1時の授業後の感想】
IoT技術に対する感想が書かれている。IoT技術を知ることはできたが適切な評価はできていない。

【第7時の報告書】
製作したIoT製品のモデルに対し，4つの視点を基に評価することができている。

【第7時のIoTに対する意見】
IoT技術に対して，様々な視点で評価し，その管理・運用の方法について記述できている。

授業例9

安全な社会を支える交通信号機を通して学習する処理の自動化やシステム化の技術

Key Word	対話的な学び（⇒p.12～13），技術の見方・考え方（⇒p.6～9）
学習指導要領との対応	D「情報の技術」（1）ア，（1）イ

　　交通信号機に用いられている問題解決の工夫を，処理の自動化やシステム化などの技術の仕組みから読み解くとともに，計測・制御システムの要素や情報処理の手順の表現，情報通信ネットワークを利用したシステムとサイバーセキュリティに関する学習を行う授業例を紹介する。学習指導案に示す第1時では，交通信号機に関わる技術が，安心・安全や快適な生活という社会からの要求に応えるとともに，経済性や環境負荷とも関連して発達してきたことを気付かせる学習を進める。この学習で気付いた「見方・考え方」を基に，第2時～第4時では，情報に関する「技術の仕組み」を重点的に学習する。

● 題材・単元のおすすめポイント

　　この題材では，交通信号機の変遷や動作について調べる活動を通して問題解決の工夫に気付くとともに，安心・安全な社会を支える処理の自動化やシステム化，情報通信ネットワークなどの技術について学習する。交通信号機は，事故の抑制や渋滞の緩和，非常時の確実な動作といった社会からの要求に対し，処理の自動化やシステム化の技術を最適化することで発達してきたことに気付かせる。

　　交通信号機は，動作に対する共通認識がある身近な機器の1つであり，生徒が動作の手順を書き起こして確認することが比較的容易である。また，交差点の交通信号機の動作を，計測・制御システムやネットワークを利用したシステムとして捉えることができる。そのため，問題解決の工夫について気付くための題材になるとともに，「技術の仕組み」を学習する題材として関連させた学習ができる。

　　例えば，第2時では，計測・制御システムの学習として，交通信号機の押ボタンや画像センサ，遠赤外センサからの信号がコンピュータで処理され，アクチュエータ等であるLEDの動作として表れることを扱うことができる。第3時では，交通信号機の動作をフローチャートで表現させることをはじめ，バリアフリーに対応するためのメロディ追加や，押しボタンを取り入れるなどの機能をアクティビティ図で表現させるなど，生徒の習熟度に応じた多様な授業展開が考えられる。第4時では，交通管制システムによる広域的な交通信号機の制御を取り上げ，情報モラルやサイバーセキュリティについて扱うことも考えられる。

　　このように，交通信号機を題材として，情報の技術に関する「見方・考え方」の気付きを促すとともに，思考，判断，表現するためのツールなどの基礎的な「知識及び技能」についても学習することができる。さらに，光源が電球からLEDに変化していることで，交換や消費電力といったランニングコストや，擬似点灯（電球式の車両用信号機）に伴う安全面への配慮に着目させることもできる。

64　　第2章　新学習指導要領に向けた授業例

題材・単元の目標

・計測・制御システムの構成要素や情報処理のシステム化，サイバーセキュリティについての知識を身に付けている。　　　　　　　　　　　　　　　　　　　　（知識及び技能）
・情報処理の手順や構造を適切なツールで表現することができる。　　　　　（知識及び技能）
・社会からの要求，安全性，環境負荷や経済性などに着目し，交通信号機などに用いられている技術が最適化されていることについて考えることができる。（思考力，判断力，表現力等）
・交通信号機の技術（問題解決の工夫）を発見しようとしている。　　　　　（学びに向かう力等）

指導と評価の計画

時間	授業の学習活動	評価規準（観点）
1	○交通信号機の歴史から処理の自動化を考える。 ○交通信号機の制御方式からシステム化を考える。 ○交通信号機に込められた問題解決の工夫について考える。	・社会からの要求，安全性，環境負荷や経済性などに着目し，交通信号機の技術の最適化について考えることができる。 　　　　　　　　　（思考力，判断力，表現力等） ・処理の自動化やシステム化の技術を用いた生活や社会の問題解決について気付くことができる。　　　　　　　　　　（学びに向かう力等）
2	○交通信号機における計測・制御システムの構成について知る。 ○各種センサの働きを知り，センサの出力する値を調べる。 ○アクチュエータについて知り，DCモータとステッピングモータを動作させる。	・計測・制御システムの構成要素と方法についての知識を身に付けている。（知識及び技能）
3	○情報処理の手順を表現する方法を知る。 ○第1時で調べた交通信号機を例に，情報処理の手順を表現する。 ○身近な機器の情報処理の手順を表現する。	・情報処理の手順をアクティビティ図等の表現方法を用いて表現することができる。 　　　　　　　　　　　　　　　　（知識及び技能）
4	○第1時の交通信号機を例に，情報通信ネットワークを活用することの利点を確認する。 ○情報通信ネットワークの仕組みとサイバーセキュリティの重要性について知る。	・ネットワークを利用した情報処理のシステム化とサイバーセキュリティについて知る。 　　　　　　　　　　　　　　　　（知識及び技能）

・準備物：インターネットに接続できるコンピュータ（生徒人数分が望ましい），各種センサ・アクチュエータなど（グループに1セット），回路計（グループに1台），センサ等を動作させる電源（グループに1台）
・コンピュータを扱う場面では，太陽光や室内光による画面の反射・ちらつきやバックライトの輝度を適切に調節し，まぶしさなどを感じないよう配慮する。
・D「情報の技術」(2) や (3) の基礎となる学習内容を含むため，第2〜4時は，D (2) や (3) の題材と関連性をもたせる内容を組み込むことが望ましい。

新しい学習指導要領に対応するためのポイント

○「科学的な原理・法則」や「技術の仕組み」を指導するためのポイント

　第1時の交通信号機について調べる学習を起点に，交通信号機を題材として一貫性を保ちつつ，体験的活動を取り入れながら「技術の仕組み」などを学習する授業を展開することができる。第2時で計測・制御システムの構成について学習する場面では，交通信号機のシステムに組み込まれているセンサなどの信号を，視覚化して確認するような活動を取り入れる。また，第1時の展開2で書き起こした様々な制御方式の交通信号機の動作をフローチャートやアクティビティ図などで表現し，アルゴリズムの学習や思考表現のツールの基礎を学習させることも考えられる。

センサの値を
計測している様子

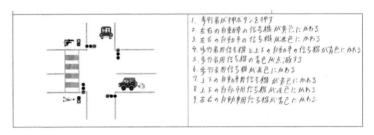

展開2 ワークシート例

○「技術の見方・考え方」や「問題解決の工夫」を気付かせるためのポイント

　大きく2つの展開を設け，小ステップで問題解決の工夫にアプローチさせている。次項の学習指導案に示している展開1では，交通信号機の歴史から問題解決の工夫の1つである処理の自動化について考える。ここでは，手動式と自動式の2つの仕組みを限定的な範囲で比較させながら，よい点と課題点を考えさせる。展開2は，交通信号機の制御方式からシステム化について考える活動である。ここでは，自身の関心のある制御方式を選択させ，その動作についてまとめる中で，問題解決の工夫に気付かせる。

　いずれの展開も，社会の安全や経済性などに着目させながら，交通信号機が発達・開発していく過程での工夫や思考に迫るようにする。ここで扱う社会からの要求の1つには，交通渋滞が緩和され効率的に時間が使える快適な生活が考えられる。また，交通渋滞のストレスから解放されるだけでなく，アイドリングがもたらす環境負荷等にも視野を広げることで，より深い技術の見方・考え方の習得が期待できるため，常に生徒が多角的に思考できるよう配慮することが重要である。

○「主体的・対話的で深い学び」を実現するためのポイント

　「対話的な学び」のポイントは，指導計画の第1時にあたる交通信号機の歴史や制御方式について調べる中で，開発者が突き詰めた技術（問題解決の工夫）を読み取る活動にある。ここでの問題解決の工夫の中心は，処理の自動化やシステム化による交通信号機の発達などに関係する。生活体験のなかにある交通信号機を思い出させるとともに，様々な機能の交通信号機を例示するなどして，その機能が用いられる目的や条件を考えさせる。また，生活や社会における問題とどのように関係しているのかについて考えさせる。

学習指導案（指導計画の第1時）

授業の目標

交通信号機の技術（問題解決の工夫）について考えることができる。

（思考力，判断力，表現力等）

処理の自動化やシステム化の技術を用いた生活や社会の問題解決について気付くことができる。

（学びに向かう力等）

準備物

インターネットに接続できるコンピュータ（生徒人数分が望ましいが，2人に1台でも可），ワークシート（人数分）

	□学習内容 ○学習活動	●教師の働きかけ	・指導上の留意点 ◎評価方法
導入 5分	□交通信号機のはじまりにふれる ○下図は何をしている様子か交流し，その後に交通信号機が何のために存在するか考える。	●下図を見せ，人の持ち物や乗り物が走っている様子から交通整理の様子であることに気付かせ，本時は交通信号機について調べる学習であることにつなげる。	・交通信号機が，交通事故の発生・抑制や交通渋滞の発生・緩和などに影響することを共通認識させる。
	 ②本時の学習内容を知る ○開発者の問題解決の工夫に気付くために，交通信号機の歴史や仕組みを調べることを把握する。	（出典：警察庁ウェブサイト http://www.npa.go.jp/ kouhousi/police-50th/ history/signaler/）	
展開1 15分	③交通信号機の歴史から処理の自動化を考える ○警察官による交通整理からはじまり，手動式から自動式へ移り変わっていったことと，それぞれのよい点と課題点を調べてまとめる。	●手動式と自動式の交通信号機について，比較させて考えさせる。	・光源の変化については，既習事項として，電球やLEDの特徴について簡単に振り返る程度とする。

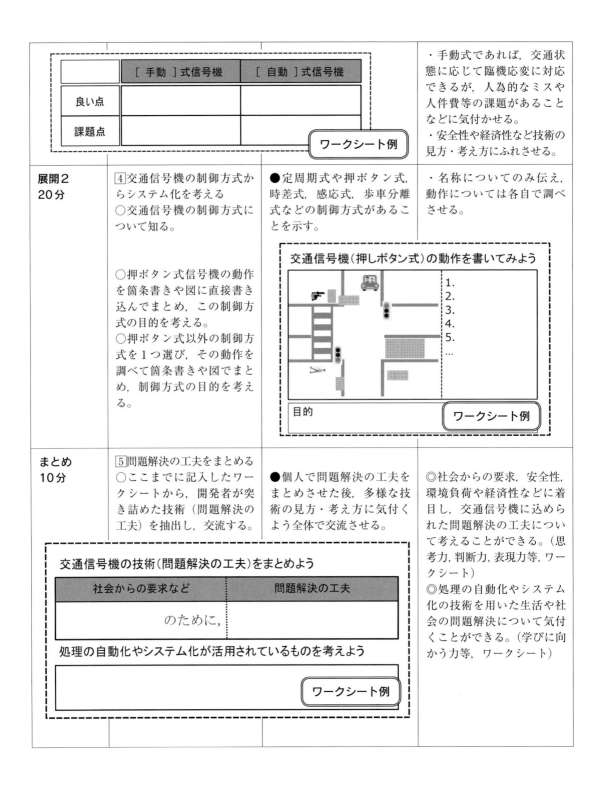

学習評価の規準・基準

評価規準（観点）：社会からの要求，安全性，環境負荷や経済性などに着目し，交通信号機に込められた問題解決の工夫について考えることができる。　　　　（思考力，判断力，表現力等）

A評価	B評価	C評価
B規準を満たし，交通信号機の処理の自動化とシステム化を関連付けて考えることができている。	社会からの要求，安全性，環境負荷や経済性などに着目し，交通信号機の処理の自動化やシステム化の恩恵について考えることができている。	社会からの要求，安全性，環境負荷や経済性などに着目し，交通信号機の処理の自動化やシステム化の恩恵について考えることができていない。
・社会からの要求，安全性，環境負荷や経済性などに着目し，交通信号機を例に処理の自動化とシステム化を関連付けて考えることができている。 （例：交通信号機をコンピュータで自動処理することで，人件費を節約できるだけでなく，道路に設置したセンサによって他の交通信号機と連携し，交通渋滞の軽減にも役立っている。）	・ワークシートにおいて，社会からの要求，安全性，環境負荷や経済性などに着目し，交通信号機の処理の自動化かシステム化のいずれかの恩恵について考えることができている。 （例：人件費を抑えるために，単純な作業をコンピュータで自動化できるようにしている。） 〈A評価にするための手立て〉 開発者だけでなく，利用者の視点でゆさぶるなど，光源の変化やバリアフリー対応の設計にも着目させる。	・ワークシートにおいて，着目した社会からの要求，安全性，環境負荷や経済性などと，交通信号機の処理の自動化かシステム化の関係性が適切でない。 〈B評価にするための手立て〉 ワークシートを振り返らせ，処理の自動化の表や押ボタン式の交通信号機の動作と目的を再確認させる。

授業の様子

○生徒のワークシート記述例

交通信号機（　時差式　）

目的：病院車とんの車を走っていると，右折・左折がしにくく，車同士の事故が起こりやすくなってしまうため。

処理の自動化やシステム化が活用されているものを考えよう

自動車は前方の人や物体を検知して，瞬力でブレーキをかけて事故が起こらないようなシステムが搭載されている。

交通信号機（感応式）

目的：比較的交通量が少ない道から，大い道へいくときに，大い所は，常に空けておいて，車がきたときだけ，止め易くするため。（合理的に）

処理の自動化やシステム化が活用されているものを考えよう

電子レンジは中のものの重さや温度に応じて自動で食べごろの温かさにしてくれる。

【第1時展開2】
安全性と合理的な交通渋滞の緩和に気付いた記述例。

【第1時まとめ】
身近な製品に自動化やシステム化の仕組みが適用されていることに気付いた記述例。

授業例10

Scratchを用いた双方向性のあるコンテンツの設計・制作

Key Word	対話的で深い学び（⇒p.12〜13），双方向性のあるコンテンツ
学習指導要領との対応	D「情報の技術」（2）ア，（2）イ

　「Scratch1.4」の「Mesh機能」によるネットワークを利用した双方向性のあるコンテンツを設計・制作する学習を紹介する。第1時〜第3時は，プログラムの基本的な仕組みやネットワークの学習を行う。第4時〜第9時はコンテンツの企画者と制作者を分けて，生活や社会で見いだした課題を解決するためのコンテンツを設計・制作する活動を行う。第10時〜第11時は制作したコンテンツの設計要素に沿って評価し，企画者と制作者が協働して改善点を検討する。第12時は完成したコンテンツが社会に与える影響を考え，よりよいコンテンツの活用方法を提案する。指導案を示す第3時は，「Mesh機能」を用いてネットワークを構築し，双方向性のあるコンテンツのプログラムを例示するとともに，制作，確認する学習を行う。

◆題材・単元のおすすめポイント

　Scratch1.4では，複数のコンピュータをScratch上で相互に通信させるMesh機能を追加することができる。Mesh機能はScratchの開発者モードでソースコードを一部変更するなど初期設定が必要であるが，一度変更すれば次回以降簡単なネットワーク設定のみで動作が可能となる。Mesh機能を使用した通信では，右図のようにサーバが不要であり，コンピュータごとに「Host Mesh」と「Join Mesh」を設定し，サーバ側とクライアント側のコンピュータの役割

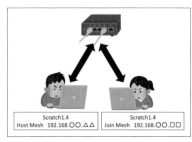

Mesh機能によるネットワーク

を分けることができる。このMesh機能を用いることで，内容Dの（2）で求められている「処理の過程にコンピュータ間の情報通信が含まれ，使用者の働きかけ（入力）によって，応答（出力）する機能」を有したコンテンツ制作が可能となり「安全・適切なプログラムの制作，動作の確認及びデバッグ等」の学習を進めることができる。

◆題材・単元の目標

・情報通信ネットワークの構成と，情報を利用するための基本的な仕組みについて知ることができる。　　　　　　　　　　　　　　　　　　　　　　　　　　　　　　　（知識及び技能）
・情報処理の手順や構造を入力し，プログラムの編集，動作確認をするとともに，コンピュータ同士をネットワークで接続し，情報を送ったり受け取ったりできるコンテンツのプログラムを制作できる。　　　　　　　　　　　　　　　　　　　　　　　　　　　　（知識及び技能）
・生活や社会の中から双方向性のあるコンテンツによって解決できる問題を発見し，課題を設定し，条件を踏まえたコンテンツを構想・設計できる。　　　　　（思考力，判断力，表現力等）

・設定した課題の解決結果を評価し，設計者・制作者の意見を踏まえて修正及び改善点を検討
できる。 （思考力，判断力，表現力等）
・制作したコンテンツが社会や生活に与える影響を考え，知的財産として適切な活用方法を提
案することができる。 （学びに向かう力等）

指導と評価の計画

時間	授業の学習活動	評価規準（観点）
1	○Scratch（教育用プログラミング環境）の基本的な仕組みを知る。 ○簡単なプログラムを書き，評価（動作確認とデバッグ）を行う。	・情報処理の手順や構造を入力し，プログラムの評価ができる。 （知識及び技能）
2	○情報通信ネットワークの構成を知る。 ○サーバやルータ等の働きなどについて知る。	・情報通信ネットワークの構成と，情報を利用するための基本的な仕組みについて知ることができる。 （知識及び技能）
3	○Mesh機能を用いてコンピュータをネットワークで接続する。 ○プログラムで情報を送受信する。 ○生活や社会において，双方向性のあるコンテンツによって解決できる問題を考える。	・コンピュータ同士をネットワークで接続し，プログラムで情報の授受ができる。 （知識及び技能）
4	○考えた問題に対して課題を設定する。 ○条件を踏まえたコンテンツを構想する。 ○構想したコンテンツを図や文章（企画書）にまとめる。	・生活や社会の中から問題を見いだしてテーマに関連する課題を設定し，条件を踏まえてコンテンツを構想できる。 （思考力，判断力，表現力等）
5	○2人組になり，企画書をお互いに交換する。 ○他者が構想したコンテンツを具体化するための構成やアルゴリズムを考える。 ○構成やアルゴリズムを図で表現し，設計する。	・構想したコンテンツを基に，具体的な要素の構成を考え，アルゴリズムを具体化することができる。 （思考力，判断力，表現力等）
6～9	○設計を基にしたプログラムを作成し，デバッグすることによりコンテンツを制作する。	・設計を基にプログラムを作成できる。 （知識及び技能）
10 11	○企画者と制作者がペアになる。 ○制作したコンテンツを設計要素に沿って評価する。 ○企画者と制作者のイメージの違いから改善点を検討し，改善する。	・設定した課題の解決結果を評価し，設計者・制作者の意見を踏まえて修正及び改善点を検討できる。 （思考力，判断力，表現力等） ・目的に応じてコンテンツを修正及び改善し，動作確認できる。 （知識及び技能）
12	○制作したコンテンツを発表する。 ○制作したコンテンツを社会に提案・活用する方法や影響について考え，自分の意見をまとめる。	・制作したコンテンツが社会や生活に与える影響を考え，知的財産として適切な活用方法を提案することができる。（学びに向かう力等）

・準備物：学習用PC及びScratch1.4（各生徒分），Mesh機能の追加

（参考 https://wiki.scratch.mit.edu/wiki/Mesh#How_to_get_Mesh）

・ネットワークでコンピュータを接続する際には学校ごとの情報セキュリティに配慮する。

新しい学習指導要領に対応するためのポイント

○技術の「見方・考え方」により問題を見出して課題を設定し，解決策を構想させるための学習指導のポイント

　双方向性のあるコンテンツの設計・制作では，Scratch1.4のMesh機能を用いてネットワークを構築し，コンピュータ間の情報の授受を実現するプログラムを制作する。その際，社会や生活における情報の表現や授受における問題点について，調査活動などの宿題を通して考えさせる。問題については，現時点で生じている問題に捉われず，将来起こりうる問題を想像するなど広い視野で生活や社会を見つめることができるように働きかける。また，事前に双方向性のあるコンテンツを例示し，修正・改善の活動を含めることで，コンテンツで解決することが可能な課題のイメージやコンテンツ制作の見通しを持たせるように配慮する。

○知的財産を創造，保護，活用しようとする態度，技術に関わる倫理観，他者と協働する態度，安全などに配慮する態度，などを育成する学習指導のポイント

　従来のプログラミング学習では，明確な設計活動や構想図等の成果物が定義されておらず，材料と加工など他の学習内容における"ものづくり"と乖離しているという指摘がある。そこで，この学習では他者の考えを基にコンテンツを設計・制作する学習活動を展開する。具体的には，制作品における企画・構想と，設計・制作の担当者を分けて，生徒が他者の企画・構想を基にコンテンツの設計・制作する。生徒自身がコンテンツの構想を考え，他者のアイデアを基にコンテンツを設計・制作，修正・改善する過程で知的財産の活用について考え，他者と協働する態度を育むことができると考える。

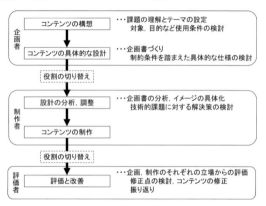

コンテンツの設計・制作学習の流れ

○「主体的・対話的で深い学び」を実現するためのポイント

　コンテンツの設計・制作では，企画者と制作者を分け，他者が構想したコンテンツを制作者が理解し，意図をくみ取る活動を行う。また，コンテンツの試作後には，企画者と制作者の話し合いにより修正・改善点を検討する。これらの学習活動は，「対話的な学び」につなげることができる。

　また，設計段階において社会からの要求，安全性，システム，経済性，情報の倫理及びセキュリティなど，情報における技術を最適化した結果をレーダーチャートなどの図や表で表現することで，「技術の見方・考え方」を働かせ，設計・制作によって生活や社会における課題を解決する力の涵養や態度形成につなげることができる。さらに，Scratch1.4で実現できるコンテンツを企画・構想し，他者の考えを具体化するための情報処理の手順や構造を考えていくことは，獲得した知識及び技能を活用する「深い学び」に結びつけることができる。

学習指導案（指導計画の第3時）

授業の目標

コンピュータ同士をネットワークで接続し，プログラムで情報の授受ができる。

（知識及び技能）

準備物

生徒用PC（人数分），Scratch1.4（人数分）。

	□学習内容 ○学習活動	●教師の働きかけ	・指導上の留意点 ◎評価方法
導入 10分	①情報をやりとりするコンテンツの身近な例を知る 例）スマートフォンにおける自動音声コントロール機能 ⇒「天気は？」と言うと，音声解析をして，自動的に検索を行い，「晴れ」と返答する。	●前時に学習した情報通信ネットワークの構成と情報を利用する仕組みが，身近な例においてどのように利用されているかを説明する。	・自動音声コントロール機能では，音声認識と認識された言葉から「インターネットで天気を自動検索する」など処理を考える。
展開1 10分	②ScratchのMesh機能を使ったネットワーク接続を行う ○Scratch1.4を起動する。 ○ホスト側・クライアント側の設定を行う。 　・ホスト側IPアドレスを確認する。 　・クライアント側からホスト側へネットワーク接続する設定を行う。	●生徒をホスト側，クライアント側にそれぞれ分ける。 ①[Shift] キーを押しながら，「共有」メニューを開かせる。 ②「Host Mesh」を選ぶ。 ③ホスト側のIPアドレスが表示される。 ①[Shift] キーを押しながら，「共有」メニューを開かせる。 ②「Join Mesh」を選ばせる。 ③ホスト側のIPアドレスを入力させる。	・Mesh機能を利用するためには，予め開発者モードでソースコードを変更できることが条件である。 ・接続ごとにホスト側，クライアント側のコンピュータを設定できるLAN環境があることが条件である。

IP Address

192.168.105.185

OK

ホスト側

?

IP address:

OK　キャンセル

クライアント側

この学習指導案の例では，192.168.105.185を入力する。

73

		○情報がネットワークを通じてやりとりできるか確認する。	●サンプルのプログラムを作成させ、ホスト側のブロックを①クリックしたときに、クライアント側から②音が鳴るか確認させる。①クリック ／ ホスト側 ／ ②音が鳴る ／ クライアント側	・ホスト側1台当たり、クライアント側は複数台設定できるため、同時に何台も接続することができる。
展開2 20分		③双方向性のあるコンテンツを模作する ○好きな数字を入力すると入力に応じて大吉・吉・末吉が出力される双方向性のあるおみくじコンテンツのプログラムを「模作」する。 ○模作したプログラムから入力方法や結果の処理方法ならびに出力方法を「改作」する。	●隣同士、2台のコンピュータでそれぞれホスト側、クライアント側のプログラムを作成させる。 ●入力された数値がホスト側に送られ、数値を3で割った余り(0,1,2)が「結果」としてクライアント側に送られる。送られた結果(0,1,2)によって大吉、吉、末吉を表示させる。	◎コンピュータ同士をネットワークで接続し、コンテンツのプログラムを制作できる。（知識及び技能，成果物） ・改作については、模作したプログラムを目的に応じて一部改変する程度とする。
	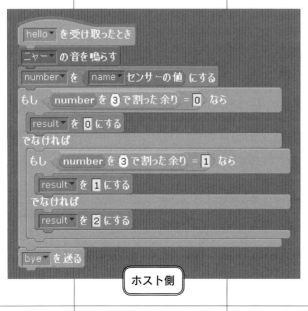 ホスト側		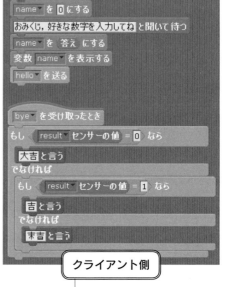 クライアント側	
まとめ 10分		④生活や社会において双方向性のあるコンテンツによって解決できている問題を考える	●携帯電話のアプリケーションなど、入力に応じて結果がネットワークを通じて返ってくるコンテンツとその利点をまとめさせる。	・次時の問題発見につながるようにコンテンツの実例を具体的に紹介する。

学習評価の規準・基準

評価規準（観点）：コンピュータ同士をネットワークで接続し，目的に応じたコンテンツのプログラムを制作できる。　　　　　　　　　　　　　　　　　　　　　　　（知識及び技能）

A評価	B評価	C評価
情報を双方向に授受する必要性を踏まえて，利便性のあるプログラムを制作できる。	情報を双方向に授受するプログラムを制作できる。	情報を双方向に授受するプログラムが制作できない。
・おみくじの結果を画像で出力させたり，結果の求め方を変更させたりするなど，情報処理の手順や構造を理解した上で，プログラムの一部を変更できる。	・好きな数字を入力すると入力に応じて大吉・吉・末吉が出力される双方向性のある「おみくじコンテンツ」のプログラムを「模作」できる。 ＜A評価にするための手立て＞ 数値で送られてきたデータを画像や音声などで出力したり，結果の求め方を変えたりすることなどコンテンツの利便性が向上するための機能について考えさせる。	・好きな数字を入力すると入力に応じて大吉・吉・末吉が出力される双方向性のあるおみくじコンテンツのプログラムを「模作」できていない。 ＜B評価にするための手立て＞ ソフトウェアの使い方なども含めて，用意したサンプルプログラムの制作及び動作確認の方法を助言・指導する。

授業の様子

○**教材の画面表示例**　これら一連のデータ授受が双方向性のあるコンテンツとなる。

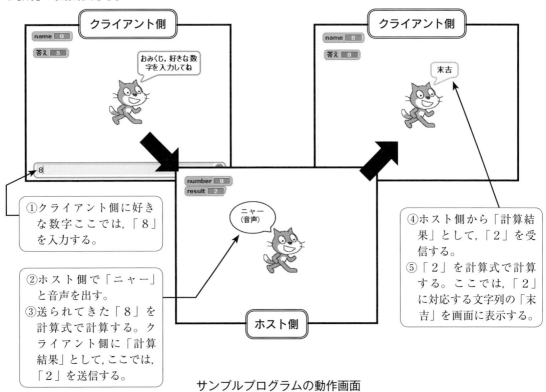

サンプルプログラムの動作画面

付録

中学校学習指導要領　第8節　技術・家庭（技術分野）

※平成29年3月公示

第1　目標

　生活の営みに係る見方・考え方や技術の見方・考え方を働かせ，生活や技術に関する実践的・体験的な活動を通して，よりよい生活の実現や持続可能な社会の構築に向けて，生活を工夫し創造する資質・能力を次のとおり育成することを目指す。

(1) 生活と技術についての基礎的な理解を図るとともに，それらに係る技能を身に付けるようにする。

(2) 生活や社会の中から問題を見いだして課題を設定し，解決策を構想し，実践を評価・改善し，表現するなど，課題を解決する力を養う。

(3) よりよい生活の実現や持続可能な社会の構築に向けて，生活を工夫し創造しようとする実践的な態度を養う。

第2　各分野の目標及び内容

1　目標

　技術の見方・考え方を働かせ，ものづくりなどの技術に関する実践的・体験的な活動を通して，技術によってよりよい生活や持続可能な社会を構築する資質・能力を次のとおり育成することを目指す。

(1) 生活や社会で利用されている材料，加工，生物育成，エネルギー変換及び情報の技術についての基礎的な理解を図るとともに，それらに係る技能を身に付け，技術と生活や社会，環境との関わりについて理解を深める。

(2) 生活や社会の中から技術に関わる問題を見いだして課題を設定し，解決策を構想し，製作図等に表現し，試作等を通じて具体化し，実践を評価・改善するなど，課題を解決する力を養う。

(3) よりよい生活の実現や持続可能な社会の構築に向けて，適切かつ誠実に技術を工夫し創造しようとする実践的な態度を養う。

2　内容

A　材料と加工の技術

(1) 生活や社会を支える材料と加工の技術について調べる活動などを通して，次の事項を身に付けることができるよう指導する。

ア　材料や加工の特性等の原理・法則と，材料の製造・加工方法等の基礎的な技術の仕組みについて理解すること。

イ　技術に込められた問題解決の工夫について考えること。

(2) 生活や社会における問題を，材料と加工の技術によって解決する活動を通して，次の事項を身に付けることができるよう指導する。

ア　製作に必要な図をかき，安全・適切な製作や検査・点検等ができること。

イ　問題を見いだして課題を設定し，材料の選択や成形の方法等を構想して設計を具体化するとともに，製作の過程や結果の評価，改善及び修正について考えること。

(3) これからの社会の発展と材料と加工の技術の在り方を考える活動などを通して，次の事項を身に付けることができるよう指導する。

ア　生活や社会，環境との関わりを踏まえて，技術の概念を理解すること。

イ　技術を評価し，適切な選択と管理・運用の在り方や，新たな発想に基づく改良と応用について考えること。

B　生物育成の技術

(1) 生活や社会を支える生物育成の技術について調べる活動などを通して，次の事項を身に付けることができるよう指導する。

ア　育成する生物の成長，生態の特性等の原理・法則と，育成環境の調節方法等の基礎的な技術の仕組みについて理解すること。

イ　技術に込められた問題解決の工夫について考えること。

(2) 生活や社会における問題を，生物育成の技

術によって解決する活動を通して，次の事項を身に付けることができるよう指導する。

ア　安全・適切な栽培又は飼育，検査等ができること。

イ　問題を見いだして課題を設定し，育成環境の調節方法を構想して育成計画を立てるとともに，栽培又は飼育の過程や結果の評価，改善及び修正について考えること。

(3) これからの社会の発展と生物育成の技術の在り方を考える活動などを通して，次の事項を身に付けることができるよう指導する。

ア　生活や社会，環境との関わりを踏まえて，技術の概念を理解すること。

イ　技術を評価し，適切な選択と管理・運用の在り方や，新たな発想に基づく改良と応用について考えること。

C　エネルギー変換の技術

(1) 生活や社会を支えるエネルギー変換の技術について調べる活動などを通して，次の事項を身に付けることができるよう指導する。

ア　電気，運動，熱の特性等の原理・法則と，エネルギーの変換や伝達等に関わる基礎的な技術の仕組み及び保守点検の必要性について理解すること。

イ　技術に込められた問題解決の工夫について考えること。

(2) 生活や社会における問題を，エネルギー変換の技術によって解決する活動を通して，次の事項を身に付けることができるよう指導する。

ア　安全・適切な製作，実装，点検及び調整等ができること。

イ　問題を見いだして課題を設定し，電気回路又は力学的な機構等を構想して設計を具体化するとともに，製作の過程や結果の評価，改善及び修正について考えること。

(3) これからの社会の発展とエネルギー変換の技術の在り方を考える活動などを通して，次の事項を身に付けることができるよう指導する。

ア　生活や社会，環境との関わりを踏まえて，技術の概念を理解すること。

イ　技術を評価し，適切な選択と管理・運用の在り方や，新たな発想に基づく改良と応用について考えること。

D　情報の技術

(1) 生活や社会を支える情報の技術について調べる活動などを通して，次の事項を身に付けることができるよう指導する。

ア　情報の表現，記録，計算，通信の特性等の原理・法則と，情報のデジタル化や処理の自動化，システム化，情報セキュリティ等に関わる基礎的な技術の仕組み及び情報モラルの必要性について理解すること。

イ　技術に込められた問題解決の工夫について考えること。

(2) 生活や社会における問題を，ネットワークを利用した双方向性のあるコンテンツのプログラミングによって解決する活動を通して，次の事項を身に付けることができるよう指導する。

ア　情報通信ネットワークの構成と，情報を利用するための基本的な仕組みを理解し，安全・適切なプログラムの制作，動作の確認及びデバッグ等ができること。

イ　問題を見いだして課題を設定し，使用するメディアを複合する方法とその効果的な利用方法等を構想して情報処理の手順を具体化するとともに，制作の過程や結果の評価，改善及び修正について考えること。

(3) 生活や社会における問題を，計測・制御のプログラミングによって解決する活動を通して，次の事項を身に付けることができるよう指導する。

ア　計測・制御システムの仕組みを理解し，安全・適切なプログラムの制作，動作の確認及びデバッグ等ができること。

イ　問題を見いだして課題を設定し，入出力されるデータの流れを元に計測・制御システムを構想して情報処理の手順を具体化するとともに，制作の過程や結果の評価，改善及び修正について考えること。

(4) これからの社会の発展と情報の技術の在り方を考える活動などを通して，次の事項を身に付けることができるよう指導する。
ア 生活や社会，環境との関わりを踏まえて，技術の概念を理解すること。
イ 技術を評価し，適切な選択と管理・運用の在り方や，新たな発想に基づく改良と応用について考えること。

3 内容の取扱い
(1) 内容の「A材料と加工の技術」については，次のとおり取り扱うものとする。
ア (1) については，我が国の伝統的な技術についても扱い，緻密なものづくりの技などが我が国の伝統や文化を支えてきたことに気付かせること。
イ (2) の製作に必要な図については，主として等角図及び第三角法による図法を扱うこと。
(2) 内容の「B生物育成の技術」については，次のとおり取り扱うものとする。
ア (1) については，作物の栽培，動物の飼育及び水産生物の栽培のいずれも扱うこと。
イ (2) については，地域固有の生態系に影響を及ぼすことのないよう留意するとともに，薬品を使用する場合には，使用上の基準及び注意事項を遵守させること。
(3) 内容の「Cエネルギー変換の技術」の (1) については，電気機器や屋内配線等の生活の中で使用する製品やシステムの安全な使用についても扱うものとする。
(4) 内容の「D情報の技術」については，次のとおり取り扱うものとする。
ア (1) については，情報のデジタル化の方法と情報の量，著作権を含めた知的財産権，発信した情報に対する責任，及び社会におけるサイバーセキュリティが重要であることについても扱うこと。
イ (2) については，コンテンツに用いる各種メディアの基本的な特徴や，個人情報の保護の必要性についても扱うこと。
(5) 各内容における (1) については，次のとおり取り扱うものとする。

ア アで取り上げる原理や法則に関しては，関係する教科との連携を図ること。
イ イでは，社会からの要求，安全性，環境負荷や経済性などに着目し，技術が最適化されてきたことに気付かせること。
ウ 第1学年の最初に扱う内容では，3年間の技術分野の学習の見通しを立てさせるために，内容の「A材料と加工の技術」から「D情報の技術」までに示す技術について触れること。
(6) 各内容における (2) 及び内容の「D情報の技術」の (3) については，次のとおり取り扱うものとする。
ア イでは，各内容の (1) イで気付かせた見方・考え方により問題を見いだして課題を設定し，自分なりの解決策を構想させること。
イ 知的財産を創造，保護及び活用しようとする態度，技術に関わる倫理観，並びに他者と協働して粘り強く物事を前に進める態度を養うことを目指すこと。
ウ 第3学年で取り上げる内容では，これまでの学習を踏まえた統合的な問題について扱うこと。
エ 製作・制作・育成場面で使用する工具・機器や材料等については，図画工作科等の学習経験を踏まえるとともに，安全や健康に十分に配慮して選択すること。
(7) 内容の「A材料と加工の技術」，「B生物育成の技術」，「Cエネルギー変換の技術」の (3) 及び内容の「D情報の技術」の (4) については，技術が生活の向上や産業の継承と発展，資源やエネルギーの有効利用，自然環境の保全等に貢献していることについても扱うものとする。

第3 指導計画の作成と内容の取扱い

1 指導計画の作成に当たっては，次の事項に配慮するものとする。

(1) 題材など内容や時間のまとまりを見通して，その中で育む資質・能力の育成に向けて，生徒の主体的・対話的で深い学びの実現を図るようにすること。その際，生活の営みに係る

78 付録 中学校学習指導要領 第8節 技術・家庭（技術分野）

見方・考え方や技術の見方・考え方を働かせ，知識を相互に関連付けてより深く理解するとともに，生活や社会の中から問題を見いだして解決策を構想し，実践を評価・改善して，新たな課題の解決に向かう過程を重視した学習の充実を図ること。

(2) 技術分野及び家庭分野の授業時数については，3学年間を見通した全体的な指導計画に基づき，いずれかの分野に偏ることなく配当して履修させること。その際，各学年において，技術分野及び家庭分野のいずれも履修させること。

(3) 技術分野の内容の「A材料と加工の技術」から「D情報の技術」まで，及び家庭分野の内容の「A家族・家庭生活」から「C消費生活・環境」までの各項目に配当する授業時数及び各項目の履修学年については，生徒や学校，地域の実態等に応じて，各学校において適切に定めること。

(4) 各項目及び各項目に示す事項については，相互に有機的な関連を図り，総合的に展開されるよう適切な題材を設定して計画を作成すること。その際，生徒や学校，地域の実態を的確に捉え，指導の効果を高めるようにすること。また，小学校における学習を踏まえるとともに，高等学校における学習を見据え，他教科等との関連を明確にして系統的・発展的に指導ができるようにすること。さらに，持続可能な開発のための教育を推進する視点から他教科等との連携も図ること。

(5) 障害のある生徒などについては，学習活動を行う場合に生じる困難さに応じた指導内容や指導方法の工夫を計画的，組織的に行うこと。

(6) 第1章総則の第1の2の（2）に示す道徳教育の目標に基づき，道徳科などとの関連を考慮しながら，第3章特別の教科道徳の第2に示す内容について，技術・家庭科の特質に応じて適切な指導をすること。

2 第2の内容の取扱いについては，次の事項に配慮するものとする。

(1) 指導に当たっては，衣食住やものづくりなどに関する実習等の結果を整理し考察する学習活動や，生活や社会における課題を解決するために言葉や図表，概念などを用いて考えたり，説明したりするなどの学習活動の充実を図ること。

(2) 指導に当たっては，コンピュータや情報通信ネットワークを積極的に活用して，実習等における情報の収集・整理や，実践結果の発表などを行うことができるように工夫すること。

(3) 基礎的・基本的な知識及び技能を習得し，基本的な概念などの理解を深めるとともに，仕事の楽しさや完成の喜びを体得させるよう，実践的・体験的な活動を充実すること。また，生徒のキャリア発達を踏まえて学習内容と将来の職業の選択や生き方との関わりについても扱うこと。

(4) 資質・能力の育成を図り，一人一人の個性を生かし伸ばすよう，生徒の興味・関心を踏まえた学習課題の設定，技能の習得状況に応じた少人数指導や教材・教具の工夫など個に応じた指導の充実に努めること。

(5) 生徒が，学習した知識及び技能を生活に活用したり，生活や社会の変化に対応したりすることができるよう，生活や社会の中から問題を見いだして課題を設定し解決する学習活動を充実するとともに，家庭や地域社会，企業などとの連携を図るよう配慮すること。

3 実習の指導に当たっては，施設・設備の安全管理に配慮し，学習環境を整備するとともに，火気，用具，材料などの取扱いに注意して事故防止の指導を徹底し，安全と衛生に十分留意するものとする。

その際，技術分野においては，正しい機器の操作や作業環境の整備等について指導するとともに，適切な服装や防護眼鏡・防塵マスクの着用，作業後の手洗いの実施等による安全の確保に努めることとする。

●編著者

竹野　英敏（広島工業大学 教授）

●執筆者（50 音順）

上岡　惇一（宇都宮大学教育学部附属中学校 教諭）

川路　智治（広島大学附属福山中・高等学校 教諭）

滝本　穣治（茨城大学教育学部附属中学校 教諭）

堤　　健人（広島大学附属東雲中学校 教諭）

向田　識弘（広島大学附属中・高等学校 教諭）

谷田　親彦（広島大学 准教授）

中学校技術・家庭「技術分野」
授業例で読み解く 新学習指導要領

平成 29 年 10 月 15 日　発行

編著者●　竹野　英敏
発行者●　開隆堂出版株式会社
　　　　　代表者　大熊　隆晴
　　　　　〒113-8608　東京都文京区向丘 1-13-1
　　　　　電話　03-5684-6116（編集）
　　　　　http://www.kairyudo.co.jp/
印刷者●　壮光舎印刷株式会社
発売元●　開隆館出版販売株式会社
　　　　　〒113-8608　東京都文京区向丘 1-13-1
　　　　　電話　03-5684-6118（販売）

■表紙デザイン・本文レイアウト　パシフィック・ウイステリア

●定価はカバーに表示してあります。
●本書を無断で複製することは著作権法違反となります。
●乱丁本・落丁本はお取り替えいたします。
ISBN978-4-304-02153-4